Karl Ungar

Raphael Ungars Gedanken von dem Zustande der Schulen

und der lateinischen Literatur in Böhmen vor Errichtung der hohen Schule

zu Prag

Karl Ungar

Raphael Ungars Gedanken von dem Zustande der Schulen
und der lateinischen Literatur in Böhmen vor Errichtung der hohen Schule zu Prag

ISBN/EAN: 9783743688612

Hergestellt in Europa, USA, Kanada, Australien, Japan

Cover: Foto ©ninafisch / pixelio.de

Weitere Bücher finden Sie auf **www.hansebooks.com**

Raphael Ungars

Doktors, und ersten k. k. Bibliothekars auf der Prager Universität

Gedanken

von

dem Zustande der Schulen, und der lateinischen Literatur in Böhmen vor Errichtung der hohen Schule zu Prag.

Bibliotheca Academica Pragensis

Aus dem sechsten Bande der Abhandlungen einer Privatgesellschaft in Böhmen.

Mit einer Kupfertafel.

Prag 1784.
Im Verlag der Gerlischen Buchhandlung.

Dem
hochwürdigen,
wohlgebohrnen und hochgelehrten
Herrn
Stephan
Rautenstrauch
des Benediktinerordens
Prälaten,
der Stifter zu Brzewnow und Braunau
Abten,
zu Wahlstadt in Schlesien
Probsten,
der Gottesgelahrtheit
Doktorn,
der theologischen Fakultät zu Wien und Prag
Direktorn,
bey der vereinigten böhmischen und österreichischen Hofkanzley, Hofkammer und Ministerial-Bankodeputation
k. k. Hofrath,
und der k. k. Hofstudien= und Büchercensurirungskommißion
Beysitzern.

Wohlgebohrner

HERR

HOFRATH

Hochwürdiger, Hochgelehrter

HERR

PRAELAT!

Die Verdienste des Benediktinerordens, und insbesonders des Stifts Bräwnow in Böhmen um die Kultur der Böhmischen Nation auch in den entferntesten Zeiten, die grossen Theils den Stof meiner Abhandlung ausmachen, führen mich ganz natürlich auf die Bemerkung: daß Böhmen auch itzt seine Aufklärung in den theologischen Wissenschaften, das ist: da, wo es dieselbe am meisten brauchte, einem Prälaten dieses Stifts zu danken habe.

Ich

Ich sehe, daß ich Euer Hochwürden und Wohlgebohren durch diese Bemerkung eine Lobrede gehalten habe, da ich Ihnen doch bloß die Veranlassung meiner Zueignung sagen wollte. Aber warum ist es das charakteristische Kennzeichen einer wahrhaft großen That: daß man sie dann am meisten lobt, wenn man sie ohne allen rednerischen Schmuck erzählet?

Ich bin mit tiefester Ehrfurcht

Eürer

HOCHWÜRDEN

und

WOHLGEBOHRN

gehorsamster
der Verfasser.

Raphael Ungars
Doktors und ersten k. k. Bibliothekars auf der Prager Universität

Gedanken

Von dem Zustande der Schulen und der Lateinischen Literatur in Böhmen vor Errichtung der hohen Schule zu Prag.

I.

So sehr der unermüdete Balbin den wärmsten Dank aller Böhmischen Patrioten verdienet, daß er über die gelehrten Bemühungen unserer Vorfahren das erwünschte Licht zum Theile verbreitet hat; so gewiß ist es auf der andern Seite, daß er diesen Gegenstand bey weiten nicht erschöpfet habe, und nicht habe erschöpfen können; wenn er anderst seinem Plane getreu bleiben wollte. Er fieng seine Geschichte der Gelehrsamkeit in Böhmen von der Errichtung der hohen Schule zu Prag, (1) das ist: von der Hälfte des XIV. Jahrhunderts an. Man sucht also in seinem gelehrten Böhmen alles das vergebens, was unsere Ahnen in den ältesten Zeiten für die Gelehrsamkeit, vorzüglich aber für die lateinische Literatur gethan haben, die von ihnen auf verschiedenen Schulen des Königreichs lange vor der Stiftung der Universität mit vielem Eifer betrieben worden ist. Diese so wichtige Lücke in unserer Literärgeschichte hat schon zum

Theil

(1) Siehe die 3 Theile der von mir heraus gegebenen Bohemia Docta Pragæ 1776 — 80.

Theil ausgefüllet der gelehrte Herr Faustin Prochaska in seinem Commentarius de Secularibus liberalium artium in Bohemia & Moravia fatis, wo er uns von den gelehrten Bemühungen unserer Landsleute in jedem Jahrhunderte die wichtigsten Nachrichten in der bündigsten Schreibart mitgetheilet hat. Wenn ich es wage, dem Beyspiele dieses geschickten Geschichtforschers zu folgen; so muß ich, eben wie er, gleich anfangs meine Leser um Nachsicht bitten; wenn ich aus Mangel der Urkunden in den ältesten Zeiten, alles das nicht leiste, was etwa mancher von mir erwartet, der die Sorglosigkeit unserer Ahnen, ihre schöne Thaten aufzuzeichnen, nicht genugsam kennet.

II.

Daß schon vom Anfange der christlichen Zeitrechnung den damaligen Bewohnern Böhmens, den Markomannen, und Quaden die lateinische Sprache nicht ganz unbekannt war, kann als historisch gewiß angenommen werden. Jener Schreken der römischen Heere (2) Marbud, König der Markomannen, ward zu Rom am Hofe des Kaisers August erzogen. Er lernte also mit den römischen Sitten, und Künsten auch ihre Sprache. Bekannt mit der Kriegskunst der Ueberwinder der Welt, war er, als er auf den Thron gelangte, sehr bald im Stande seine Markomannen fürchterlich zu machen. Der Ruhm, den er sich dadurch erwarb, zog ganze Haufen römischer Werkleute, Paknechte, und andern Troß ihrer Hee-

---

(2) Non Philippum Atheniensibus, non Pyrrhum aut Antiochum populo Romano perinde, ac Maraboduum metuendos fuisse: *Tiberius* Cæsar apud *Tacitum* de moribus germ. Sieh: auch *Vellej. Paterc.* hist. Rom. L. I.

Heere herbey. Sie liessen sich in seinem Reiche nieder, und brachten ihre Sprache unter seine Unterthanen. Es ist nicht wahrscheinlich, daß der Gebrauch derselben nach Marbuds Zeiten wieder erloschen seye. Denn obschon dieser grosse Fürst, nachdem er von den Seinigen verlassen worden, sein Alter weit von seinem Vaterlande, zu Ravenna, als dem ihm vom Kayser Tiber angewiesenen Zufluchtsorte, unthätig und ruhmlos zubringen muste; so ist doch die genaue Verbindung der Markomannen mit den Römern, z. B. eines Vannius, welchen die Römer zum König der Markomannen ernannten; eines Sido, welcher mit einem Haufen seiner Markomannen dem Kayser Vespasian wider den Vitellius beygestanden hat, und selbst des römischen Kaysers Karakalla, der einige Tausend Markomannen in Sold nahm, und sie zu seiner Leibwache machte, ein Beweiß mit, daß der Gebrauch der lateinischen Sprache bey diesen Völkern nie ganz abgekommen seye: so wie ihr Handel und Wandel mit den Römern sich immer erhielt, obschon er durch verschiedene Kriege öfters gestört wurde. Hierzu kömmt noch, daß durch die im Jahre 396. von dem heil. Ambrosius (3) durch Briefe bekehrte Markomannische Königinn Fritigil die Markomannen mit den Römern völlig ausgesöhnet, ihren Bundsgenossen beygezählet, ja selbst in die Dienste des römischen Kaisers Honorius aufgenommen, und daher Marcomanni Honoriani genannt wurden; wodurch dann diesen Völkern das Licht des Evangeliums angezündet, und zwischen ihnen, und der mayländischen Clerisey eine neue Gemeinschaft eröffnet

A ward,

---

(3) Paulinus in vita S. Ambrosii. ap. Baron. ad ann. 396.

ward, die ganz natürlich auf den Gebrauch der lateinischen Sprache ihren Einfluß haben muste; bis endlich alle Spuren derselben durch die Auswanderung der Markomannen, die Ueberschwemmung barbarischer Völkerschaften, und durch Attilas Kriegszüge in unsern, und den benachbarten Gegenden vertilgt worden sind.

III.

Die neuen Bewohner Böhmens, und Mährens, die Slaven, waren rohe Heiden, und mehr um die Abhärtung des Körpers, durch Uebung in der Jagd, und im Kriege, als um die Verfeinerung des Geistes durch die Wissenschaften und Künste besorgt. Man lese die schöne, und wahrhafte Schilderung ihrer Sitten, und Denkungsart bey Hr. Faustin Prochaska (4) und man wird eine jede Untersuchung von dem Zustande ihrer Gelehrsamkeit ganz überflüßig finden. Mit der lateinischen Sprache machten sie endlich die Christlichen Glaubensprediger zuerst bekannt. Die Wiedererrichtung des Erzbisthums Lorch (5) im heutigen Oesterreich ob der Ens zu Anfang des IX. Jahrhunderts gab hierzu die erste Veranlassung. Urolph, Erzbischof dieser Kirche, sah das weit ausgedähnte Mährische Königreich als einen Theil seines Sprengels an. Er taufte nebst vielen Vornehmen auch den Mährischen Herzog Moymir, und stiftete in dem Bezirke der Hunnischen und Mährischen Länder vier Bisthümer, deren Bischöfe Pabst Eu=

---

(4) Fat. Sæcul. p. I. — 38.
(5) Dieses Erzbisthum ist hernach eingegangen, und in das Bisthum zu Passau verwandelt worden.

Eugen der II. in seinem Briefe (6) *Rathfredum* Favianensis, *Methodium* Speculijuliensis, quæ & Soriguturensis nuncupatur, *Alevinum* Nitraviensis, und *Annonem* Vetvariensis Ecclesiæ Episcopos nennet.

Urolph, der von dem Pabst über diese vier Kirchen gesezte Metropolit, war dem römischen Ritus zugethan, und führte also in Mähren mit dem Christenthume zugleich die lateinischen Kirchengebräuche, so wie die lateinische Sprache im Gottesdienste ein. Er starb im Jahre 837. Und ob man gleich in der Folge bis auf den heil. Methudius keine Meldung mehr von irgend einem mährischen Bischofe findet; so wissen wir doch aus dem Sendschreiben Theotmars Erzbischofs zu Salzburg, und der übrigen Bayerischen Bischöfe an Johann den IX., daß die Lorcher Erzbischöfe, und hernach die Passauer Bischöfe, theils durch ihre in diese Länder abgesandte Priester, theils durch ihre eigene Besuche, und daselbst gehaltene Synodalversammlungen das Kirchenwesen in Mähren besorgt haben. (7) Beynahe vierzig Jahre

nach

---

(6) Dieser an Turundus Heerführer der Hunnen, Moymir Herzogen der Mährer, und die oben angeführte vier Bischöfe, nach Pagius und Assemanns Urtheil um das Jahr 825 geschriebene sehr merkwürdige Brief stehet T. VII. Concil. Labb. edit. Paris. col. 1542. und nebst vielen andern in des gelehrten Dobners Annal. Hag. T. 2. pag. 466. seqq., wo er zugleich wider einige Salzburger Geschichtschreiber die Aechtheit dieser Bulle beweiset, und von der Lage dieser vier Bisthümer einige Nachrichten giebt. Siehe auch deswegen des gel. Steph. Salagii Lib. III. de statu Eccles. Pannon.

(7) Et idcirco Pataviensis Episcopus civitatis, in cujus Diœcesi sunt illius terræ (Slavinorum, qui Moravi dicuntur) populi

ab

nach der Taufe des mährischen Herzogs Moymir wurden auch mit der Chriſtlichen Religion die lateiniſchen Kirchengebräuche aus Bayern nach Böhmen gebracht, als im Jahre 845. vierzehn böhmische Herzoge mit einem groſſen Theile ihrer Unterthanen von einigen Prieſtern des Regensburger Bisthums die heilige Taufe empfiengen; (8) daher auch Böhmen, bis ſolches ſeinen eigenen Biſchof bekam, dem Regensburger Sprengel zugezählet worden. Indeſſen konnte die mit dem neuen Gottesdienſte zugleich eingeführte oberflächlige Kenntniß der lateiniſchen Sprache bey den Böhmen und Mährern keine Wurzeln faſſen; weil die Chriſtlichen Kirchen ihre einzige Schulen; die Stimme der Religionslehrer das einzige Hilfsmittel zu ihrer Erlernung waren.

Und als darauf durch den Abfall des Raſticcs, oder Raſtislaus Herzogs der Mährer von Ludwig dem Könige der Deutſchen den Prieſtern dieſer Nazion der Weg zu den Mährern abgeſchnitten worden, gerieth das Latein bey

vie-

ab exordio Chriſtianitatis corum, quando voluit & debuit, illuc nullo obſtante intravit; & ſynodalem cum ſuis, & etiam ibi inventis, conventum frequentavit, & omnia, quæ agenda ſunt, potenter egit, & nullus illi in faciem reſtitit. T. VI. P. I. Concilior. Harduini col. 483.

8) Annales Francor. fulden. ad h. a. Der gelehrte Aſſemann wundert ſich Kal. Eccl. T. II. p. 150., daß kein böhmiſcher Geſchichtſchreiber dieſer merkwürdigen Bekehrung erwähnet. Von alten, ſelbſt vom Hager, iſt dieſes wahr; aber von neuern erzählten ſie Welqlawin in der Vorrede zu der böhm. Ausgabe des Æneas Sylvius. Stransky Reipub. Boh. cap. VI. §. 3. Regenwolſcius hiſt. Eccl. Slav. lib: 1 pag. 7 Balbin. Epit. rer. Boh. l. 1. cap. 10 p. 85. Cruger. Sac. pul. V. Kal. Fel. pag. 141.

vielen bald wieder in Vergessenheit. Die Christliche Religion litte bey dieser Gelegenheit nichts.

Rastices, der durch die Feindseligkeiten, in welchen er seit dem Jahre 855. mit Ludwigen lebte, den von den bayerischen Bischöfen abgesandten deutschen Priestern täglich gehäßiger ward, sann auf Gelegenheit ihrer loß zu werden. Er hörte kaum mit welch erwünschtem Fortgange Konstantin, oder wie er hernach hieß, Cyrill die ihm von dem griechischen Kayser Michael dem III. aufgetragene Unterrichtung der Chazaren oder Gazarn, einer slavischen Nazion an dem nördlichen Ufer des schwarzen Meers, vollendet habe, als er die Lehrer des Christenthums und die Diener der Kirche nicht mehr von den Bischöfen zu Passau, sondern von den Patriarchen zu Konstantinopel begehrte. Diesem zu Folge fertigte er an den orientalischen Kayser eine Gesandschaft ab, und erhielt von ihm ebenfalls den Cyrill und seinen Bruder Methodius. (9) Diese Christlichen Lehrer, welche den Got-

tes-

(9) *Philosopho* autem reverso Constantinopolim audiens *Rastislaus* Princeps Moraviæ, quod factum erat a *Philosopho* in Provincia Cazarorum; ipse quoque genti suæ consulens, ad prædictum Imperatorem nuntios misit, nuntians hoc, quod populus suus ab idolorum quidem cultura recesserat, & christianam legem observare desiderabat; verum Doctorem talem non habent, qui *ad legendum eos*, & ad perfectam legem ipsos edoceat: rogare se ut talem hominem ad partes illas dirigat, qui pleniter fidem & ordinem divinæ legis, & viam veritatis populo illi ostendere valeat. Cujus precibus annuens Imperator, eundem supernominatum *Philosophum* ad se venire rogavit: eumque illuc, id est: in terram Sclavorum simul cum Methodio germano suo transmisit. *Vetus vita S. Cyrilli cum translatione S. Clementis ex MS. Francisci Duebesne in Actis SS.* ad IX Martii. Aus diesem erhellet, daß die Mährer vor Cyrills Ankunft in ihrer Sprache noch keine Buchstaben hatten, und folglich weder lesen, noch schreiben konnten.

tesdienst nach dem Gebrauche der Konstantinopolitanischen Kirche in griechischer Sprache zu halten gewohnt waren, konnten dieselbe bey den Mährern, welche gar nichts davon verstunden, nicht gebrauchen. Sie bedienten sich also eben desselben Mittels, das sie in der Bekehrung der Chazaren, und Bulgaren so heilsam befunden hatten, und führten die slavische Sprache in allen Religionsübungen ein, nachdem sie zu diesem Behufe ein für diese Sprache anpassendes Alphabet selbst erfunden, (10) und den Psalter, dann die ganze Bibel, und andere Liturgische Bücher (11) übersetzet hatten. Eine Anstalt, welche auf die schnellere Verbreitung des Christenthums und auch der Wissenschaften (12) bey diesen Völkern den glücklichsten Einfluß hatte; obschon sie für die Kenntniß des Lateins eben nicht vor-

(10) Cyrill war der Erfinder, und Methud sein Mitarbeiter; daher wird dieses Alphabet noch heut zu Tage das Cyrillische genannt. Es ist in *Montfaucons* Palæographia græc L. III. c. 4.; *Anselmi Bandurii* Anmerkungen über den Konstantin Porphyrogen. S. 116. u. 117., und vielen andern vorgestellet. Auch noch heut zu Tag werden die slavische Kirchenbücher, derer sich die Russen, einige Pohlen, Serbier, und Croaten bedienen, mit diesen Lettern abgedruckt. Auch die Wallachen haben dieses Alphabet für ihre Sprache gewählt. Es hat das griechische zum Grunde, einige Lettern aus andern Alphabeten und dabey so viele eigene Züge, als die slavische Mundart erforderte. Jeder Buchstabe hat anstatt der alten phönicischen eine slavische Benennung. Siehe des gelehrten Hr. Dobrowsky Abhandlung über das Alter der böhmischen Bibelübersetzung; und des gelehrten *Fortunat Durich* Dissert. de Slavo-Boh. Sacri Cod. versione.

(11) Vetus MS. *Breviar. Olom.* in actis SS. ad IX Martii n. 1. MS. *Blanburanum* ibid. n. 4. *Christannus* c. 1.

(12) Der Unterricht, welchen die Mährer von den deutschen Bischöfen und Priestern empfangen hatten, war aus der Ursache, weil diese der slavischen Sprache nicht genugsam kündig waren, sehr unvollkommen.

vortheilhaft seyn konnte. (13) Indessen erhielt sich dieser Ritus selbst in Großmähren nicht lange. Die deutschen Bischöfe, welche den lateinischen Ritus schon eher allda eingeführet hatten, verklagten den heil. Methud wegen dieser Neuerung bey den Päbsten: Nikolaus I., Adrian II., Johann VIII. Einige beschuldigten ihn so gar der Ketzerey. (14) Methud vertheidigte sich. Die römischen Päbste gaben zwar seinen dringenden Vorstellungen nach; bestunden aber in ihren Briefen (15) immer darauf, daß die lateinische Sprache, so viel sich thun liesse, beybehalten, und wieder allgemein eingeführt werden möchte.

IV.

(13) Quidam Græcus (klagt der Auct. hist. Conversionis Boj. & Carent. in collect. Freberi script) Methodius nomine, noviter inventis Sclavinis literis, latinam linguam, doctrinamque romanam, atque literas auctorabiles latinas philosophice superinducens, vilescere fecit cuncto populo ex parte Missas & Evangelia, ecclesiasticumque officium illorum, qui hoc latine celebraverunt. Diese an sich etwas dunkele Stelle hat Hr. Voigt in seiner Untersuchung über die Einführung der Buchstaben in Böhmen in dem 1. Band der Abhandlungen einer Privatgesellschaft in Böhmen S. 188. erkläret.

(14) Dicebant enim gothicas (so nennt Thomas fälschlich die slavischen Buchstaben) literas a quodam *Methodio* hæretico fuisse repertas, qui multa contra catholicæ fidei normam in eadem Sclavonica lingua mentiendo conscripsit; quamobrem divino judicio repentina dicitur morte fuisse damnatus. *Thomas* Archid. *Spalat* in hist. Salonitana cap 16

(15) Siehe den Brief Johanns VIII. an Methud Tom. III. Concil. P. II. nach der Ausgabe des Binius, und das von eben diesem Pabste dem Methud ertheilte Empfehlungsschreiben an den Mähr:schen Herzog Swatopluk apud *Baronium* ad h. an.; wo der Pabst also schliesset: jubemus tamen, ut in omnibus Ecclesiis terræ vestræ propter majorem honorificentiam Evangelium latine legatur, ut postmodum Slavonica lingua translatum, in auribus populi latina verba non intelligentis annuncietur, sicut in quibusdam Ecclesiis fieri videtur. Et si tibi (Svatopluce) & Judicibus (Primoribus) tuis placet, missas latina lingua magis, audire: præcipimus, ut latine Missarum tibi solemnia celebrentur. Hätte der Pabst

IV.

So sicher es nun ist, daß durch den slavischen Ritus der lateinische in dem grossen mährischen Königreiche einige Zeit lang verdrungen worden; so unsicher scheinet mir dieses von unserm Böhmen zu seyn.

Alle alten Geschichtschreiber schweigen von dieser Neuerung. Wir finden nirgends einen Brief, in welchem die Regensburger Bischöfe, als Oberhirten des Landes, wider die Böhmen, so wie die Lorcher, Passauer, und Salzburger wider die Mährer bey den Päbsten geklaget hätten. Bisher ist noch kein einziges Denkmaal, das mit Cyrillischen Buchstaben bezeichnet wäre, wohl aber manches lateinisches, wie ich im XVII. Absatze beweisen werde, in Böhmen gefunden worden. Von dem Benediktinerkloster zu Sazawa allein haben wir eine zuverläßliche Nachricht, daß die daselbst unter Anführung des heil. Prokop im XI. Jahrhund. versammlete Mönche slavonische Bücher hinterlassen haben. Allein diese sind schon damals, im Jahre 1097. nach dem Zeugnisse des so genannten Monachus Sazaviensis vertilget und zerstreuet worden, (16) weil man die guten Leute schon gleich nach ihres ersten Abtens Tode (1053) einer Ketzerey und Scheinheiligkeit beschuldigte, zu welcher sie durch die

wohl so was befehlen können, wenn Methud, und seine Priester des Lateins nicht wenigstens so weit kündig gewesen wären, daß sie im Stande waren in dieser Sprache die Messe zu lesen? Auch auf Raich, einen Schüler Methuds, läßt sich diese so gegründete Muthmassung ausdehnen.

(16) Et libri linguæ eorum (scilicet Slavonicæ) deleti omnino, & disperditi nequaquam ulterius in eodem loco recitabuntur. Monach. Sazavien. pag. 102. Tom. I. Scriptor. rer. Bohem. e Biblioth. Eccles. Metropol. Prag. Künftig werde ich mich

die flavonischen Lettern sollen verleitet worden seyn. (17) Allein! würde man wohl diese Bücher vernichtet, die flavischen Mönche als Ketzer verfolget, zweymal vertrieben, und endlich im Jahre 1097. an ihre Stelle lateinische Mönche aus dem, laut seines in lateinischer Sprache abgefassten Stiftungsbriefs im Jahre 993 errichteten Kloster zu Brjewniow eingeführet haben, wenn der flavische Ritus in Böhmen jemals der herrschende gewesen wäre? (18) Würde wohl den Böhmen die Cyrillische Schrift unbekannt geblieben seyn, wenn sich ihre Vorfahren jemals der flavischen Bibelübersetzung, und liturgischen Bücher bey ihrem Gottesdienste bedienet hätten? Es ist unbegreiflich (19), wie die Böhmen, die auf ihre Gebräuche fest hielten, die cyrillische Schrift, in welcher sich alle flavische Töne so regelmässig und vollkommen ausdrucken lassen, mit einer andern, für die Töne

ihrer

mich dieser Auflage in meinen Anmerkungen bedienen. Siehe auch Menken, script. rer. German. Tom. III. col. 1788.

(17) Eos (Vitum Abbatem & Fratres ejus) multiphariis vituperiis publicabant, scilicet dicentes, per Sclavonicas literas, hæresis sectæ, hypocrisiisque esse aperte irretitos, ac omnino perversos; quamobrem ejectis eis, in loco eorum latinæ auctoritatis Abbatem & fratres constituere omnino esse honestum, constanter affirmabant. Tom. I. script. rer. boh. pag. 97 & apud Menken. l. c. col. 1780.

(18) Der flavische Ritus zu Sazawa ist also nicht als ein Ueberbleibsel des vormals in Böhmen gewöhnlichen Gottesdienstes anzusehen, sondern für eine spätere Einführung zu halten. So führte auch Karl der IV. im Jahre 1347. flavische Mönche zu Prag ein, welche den Gottesdienst in flavischer Sprache verrichteten, und der glagolitischen Schrift sich bedienten. Wer würde daraus die Folgerung machen: die Böhmen haben im XIV. Jahrhunderte mit glagolitischen Buchstaben geschrieben? Siehe die obangeführte Abhandlung des Hr. Dobrowsky S. 305.

(19) In der angeführten Abhandlung S. 304.

ihrer Muttersprache sehr mangelhaften, (20) hätten vertauschen sollen.

Wenn sollte wohl diese Veränderung geschehen seyn? Nach dem Jahre 894, wo sich die Böhmen nach Swatopluks Tode mit den Deutschen wider die Mährer vereinigten, gewiß nicht. Unser vortreflicher Dobner sagt uns dieses ganz klar in seinen gelehrten Annalen P. III. p. 302. Pertinet vero hic *Tuto* ad historiam regni Bohemiæ, *tum quod ab anno* 845, *quo XIV. Duces Bohemorum Ratisbonæ baptismo initiati sunt*, *Ratisbonenses Episcopi jurisdictionem in Bohemiam exercere soliti*, (21) tum maxime, quod ex historia nostra certum sit

cum

(20) Man drüfte die den Slaven eigene Töne und Laute, welche den Lateinern mangeln, durch Zusammensetzung mehrerer Buchstaben, und durch gewisse Accente aus, welche Anfangs ungeschickt genug waren, nach u· d nach aber so bequem eingerichtet worden, daß wir nun mit den gewöhnlichen 24 Buchstaben der Lateiner, und mit neun liquescentibus die Töne nicht nur aller übrigen slavischen, sondern auch anderer Völker genau zu bezeichnen im Stande sind. Voigt a. a. O. S. 197.

(21) Daß Böhmen seit dem Jahre 845. bis zur Errichtung des Prager Bißthums dem Regensburger Sprengel zugetheilt gewesen, wird auch aus dem alten Leben der heil. Ludmilla und Wenzels, welches sich in der k. k. Bibliothek auf der Prager Universität befindet, und dessen Fragment Hr. Dobner P III. Ann. p. 584. anführet, bewiesen: Spatio dehinc temporis (beist es alda) elapso modico *Wenceslaus* Princeps beatus, Ratisbonam missis legatis, Pontificem ejusdem civitatis, *quia tunc temporis Bo'emi erant Parochiani sui*, consuluit, (Christannus addit: nomine Tutonem) quidnam sibi agendum esset, corpore de prædicto, qui divinæ legis scripta per'ustrans, secundum datam sibi a Deo sapientiam in responsis hæc dicta mandavit scilicet: ut corpus initium ab ipso exordio prothoplasti sumens, cui dictum est: terra es, in terram ibis, pulvis es, & in pulverem reverteris; sepulturæ traderent, gloriam Christi donec cerneret. Ingentique

eum ipsum ejusmodi jurisdictionis actus seu per se ipsum in confecratione Ecclesiæ S. Viti, seu per Chorepiscopum suum in dedicatione templi S. Georgii exercuisse. Et quanquam status hic Ecclesiæ non nihil alteratus fuerit anno 890, quo *S. Methudius* perducto ad baptismum *Borzivogio* presbyterum *Kaich* aliosque clericos ad Bohemiam misit, ipseque *S. Ludmillam* cum pluribus aliis sacro fonte tinxit, nec non alia Episcopalia munia, si posterioribus fides adhibenda, exercuit; tamen hæc ætatem S. *Methudii* (cujus jurisdictioni omnes *Svatopluco* subjectæ regiones a *Joanne* VIII. Papa concessæ fuere) non superaverunt, adeo ut eo demortuo omne jus & potestas in rebus ecclesiæ ad *Tutonem* reciderit. Nec est incredibile id anno sequente (895) factum quo facta Boemos inter & Moravos scissione sese Boemi contra MoravosBojoariis,Francisque sociarunt, ut ad hunc annum narrabimus. Ceterum cum certum indubitatumque habeamus ex veterrimis vitæ SS. *Ludmillæ* ac *Wenceslai* scriptoribus

hunc tique zelo divino accensus Princeps præfatum Antistitem humili prece exoravit, quatenus ad eum venire dignaretur, ac corpus ipse sepulturæ daret, basilicamque, quæ adhuc benedictione pontificali careret, dedicaret, qui simulata infirmitate senectutis ire non valens, Coepiscopum suum cum aliquantulis choris Clericorum destinavit. Adveniens imprimis templum (S. Georgii) Domino consecravit, post hinc sex clausis dierum circulis suprafatum corpusculum tumulavit in eodem loco, in quo aqua inundaverat. Aus diesem Grunde vermuthe ich auch, daß unter den Slaven, welcher die Fuldner Annales Francorum ad an. 888. mit diesen Worten erwähnen: Rex Arnolfus urbe Radasbona receptis primoribus Bojovanorum, orientales. Francos, Saxones, Duringos, Alamanos, magna parte Sclavorum natalem Domini, & Pascha ibidem honorifice celebravit, auch einige zum Christenthum unter der Aufsicht der Regensburger Bischöfe bekehrte Böhmen waren.

hunc *Tutonem* Ratisbonenſem Epiſcopum *ſimul fuiſſe Boemiæ Præſulem*, ejus Præſulatus annos ab anno præſente numerare occipimus, idque porro in ſucceſſione Epiſcoporum Ratisbonenſium proſecuturi, dum ad erectionem Epiſcopatus noſtri, noſtrorumque Epiſcoporum chronologicam ſupputationem pertingamus. Sie müſte alſo zwiſchen den Jahren 890 und 894 geſchehen ſeyn. Im Jahre 890. (22) wurde der Böhmiſche Herzog Borziwog von Methud in Mähren an dem Hofe Swatopluks getauft. Als er in ſeine Staaten zurück kam, wollte er ſeine neue Religion auch in denſelben einführen. Die Böhmen erregten deswegen einen Aufruhr, jagten den Borziwog zum Lande hinaus, und erwählten einen gewiſſen Stroymir, der ſo wie Borziwog aus dem Przemiſſer Geſchlechte war, zu ihrem Herzoge. Der deutſche König Arnulph, der Würtzburger Biſchof Arno (23) und Swatopluk rüſteten ſich, den vertriebenen Herzog mit gewafneter Hand wieder einzuſetzen. Die Böhmen ſahen wohl, daß ſie dieſer groſſen Macht nicht würden widerſtehen können. Sie ſchikten alſo Abgeordnete an Borziwogen mit der Bitte, in ſein Vaterland zurück zu kommen, und den herzoglichen Thron zu beſteigen. Bald darauf, nämlich im Jahre 894, ſtarb Swatopluk, nach deſſen Tode die Böhmen und ihre Bundsgenoſſen die Bayern, und Franken mit den Mährern in Kriege verwickelt wurden. Ich kann mich nicht überzeugen, daß in dieſer kurzen

(22) Dobner P. III. Annal. 254. ſeqq.

(23) Dobner l. c. pag. 263.

jen Zeit (24), welche über dieß noch gröſtentheils mit Un-
ruhen zugebracht wurde, der dem neugetauften Borziwog von
Merhud mitgegebene Priester Kaich den slavischen Ritus
statt des lateinischen eingeführet, und, wie noch andere wollen,
Böhmen unter den Sprengel des unlängst errichteten panno-
nischen und mährischen Erzbisthums gebracht habe. (25) Würde wohl der Regensburger Bischof diesen Eingrif in seine Diö-
cesanrechte mit Stillschweigen übergangen haben? würde er nicht
vielmehr die übrigen deutschen Bischöfe, die alle dem slavischen
Ritus äusserst gehäßig waren wider den Borziwog und seinen Priester Kaich aufgehetzet haben? und würde wohl bey
dieser Verfaſſung der Würzburger Bischof Arno dem Borziwog wieder den Stroymir Hülfe geleistet haben? Aus diesen

(24) Borzivogius, ſagt unſer Dobner Seite 288, ob metum gen-
tilium Bohemorum *potiſſimum ſolitariam*, *privatamque vitam*
egit, nec multos e gente ſua ſocios Religionis habuit, tum,
ut ex omnibus clarum ſit, *haud diu* a ſuſcepto Baptiſmo
ſuperſtes fuiſſe videtur.

(25) In dem oben angeführten Brief an Swatopluk ſchreibt Johann
VIII. Ipſum quoque presbyterum nomine *Vicbinum*, quem
nobis direxiſti electum Epiſcopum, conſecravimus ſanctæ
Eccleſiæ Nitrienſis, quem ſuo Archiepiſcopo in omnibus
obedientem, ſicuti ſancti Canones docent, eſſe jubemus &
volumus: ut pariter cum ipſius Archiepiſcopi conſenſu &
providentia alterum nobis apto tempore utilem presbyterum
vel Diaconum dirigas, quem ſimiliter in alia Eccleſia, in
qua epiſcopalem ſedem noveris eſſe neceſſariam, ordinemus
Epiſcopum, ut cum his duobus a nobis ordinatis Epiſco-
pis præfatus Archiepiſcopus veſter, juxta decretum Apoſto-
licum per alia loca, in quibus Epiſcopi honorifice debent,
& poſſunt exiſtere, poſtmodum valeat ordinare. Würde
nicht dieſes neue Bisthum Methud in Böhmen errichtet, und
den Kaich, der es ſeinem Sprengel einverleibet und überall
den ſlaviſchen Ritus eingeführet hätte, zum erſten Biſchof ge-
weyhet haben? In unſeren älteſten Urkunden kömmt auch

sen Gründen glaube ich vielmehr, daß Raich entweder den Gottesdienst in slavischer Sprache in Böhmen nie verrichtet habe, oder, wenn er ihn doch verrichtet haben sollte, daß dieser Ritus nie verbreitet, viel weniger allgemein angenommen, sondern gleich durch den schon ehebevor eingeführten lateinischen wieder verdrängt worden. Hierzu kömmt noch der vielfältige Nutzen, den unsere Vorfahren, vorzüglich Fürsten, und Edle in Gesandschaften an auswärtige Fürsten, und in dem Briefwechsel mit denselben, aus dem Gebrauche der lateinischen Sprache ziehen konnten; da die politische Verbindung Böhmens mit den benachbarten deutschen Völkern, so wie die kirchliche mit Rom immer fester ward. Daher mag es auch gekommen seyn, daß selbst Spitigniew I., der Sohn unsres Borziwog, nicht von dem Bekehrer seines Vaters, dem heil. Methodius oder einem seiner Priester, sondern von den benachbarten Deutschen

auch der Name eines heiligen Methuds unter jenen unserer vornehmsten Landespatronen nicht vor So nennt Beneß von Weitmil in Prol. L. IV. Tom. II. Script. rer Boh. pag. 290 nur die heiligen: Veit, Wenzel, Adalbert und Sigmund. Ein Beweiß, daß selbst die Verehrung des letztern bey uns älter seye, als jene des heil. Methuds. Freylich wird er in einer Kollekte einiger Meßbücher vom XV. Jahrhundert der Apostel Böhmens genennt; aber da diese Benennung ihm dort in Gesellschaft des heil. Cyrills beygeleget wird, der doch an der Bekehrung unserer Ahnen gewiß nicht mitgearbeitet hat, so beweisen diese Stellen für den durch Method in Böhmen eingeführt seyn sollenden slavischen Ritus nicht mehr, als für Cyrills Apostelamt bey uns. Wer wird wohl aus dem, daß eben dieselbe Kollekte z. B. in dem Gnesner Brevir vorkömmt, folgern, daß Method und Cyrill in eigener Person allda die Bekehrungsanstalten getroffen haben. Dieß geschah vielmehr wegen des Antheils, den eine slavische Nazion an der Bekehrung anderer slavischer Nazionen, und ihrer Apostel nimmt. Auf diese Art ist auch der heil. Wenzel Patron von Schlesien, und Meissen wegen der Verbindung dieser Länder mit Böhmen geworden.

schen getaufet worden (26). Gewiß ward die lateinische Sprache unsern Herzogen durch ihre Geschäfte mit den deutschen Kaisern, welche sich damals in allen Urkunden, und öffentlichen Handlungen keiner andern, als dieser Sprache, bedienten, ganz unentbehrlich. Es ist daher ganz wahrscheinlich, was Hagek auf das Jahr 914 schreibt: (27) daß der heil. Wenzeslaus noch als ein junger Prinz mit seinem Bruder Boleslaw nebst andern, nach damaliger Beschaffenheit der Zeiten ihm anständigen Wissenschaften auch in der lateinischen Sprache in der Schule zu Budez(28)von dem allda angestellten Priester Uneyo unterrichtet worden. Weiter gründet sich die Behauptung, daß der heilige Wenzel der lateinischen Sprache kündig war, so wohl auf seine vertraute Geschäfte mit dem Regensburger Bischof Tuto, als auch auf seine wegen des Eintritts in den Benediktinerorden mit dem Pabste gepflogene Unterhandlung.

En-

(26) Die ältere deutschen Annalen nennen gar nicht den Borziwog; sie geben schlechterdings den Spitigniew, als den ersten christlichen Herzog in Böhmen an. Warum? weil Borziwog vom Method getaufet worden, welchen die Deutschen seines slavischen Ritus wegen als einen Ketzer verabscheuten.

(27) Christann bey Balbin in der Epitome S. 46. schreibt: Dux Wratislaus filium Wenceslaum æstuantis animi, in lege divina literis imbuendum tradiderat in civitatem, quæ Budez vocabatur. — Cumque sagax ingenio, cuncta, quæ a pædagogo (S. 50. nennet er ihn pædagogum apicum) sibi tradita fierent, spiritu se inspirante, altæ memoriæ traderet &c. Diesem stimmet bey der Ungenannte, welcher das Leben des heil. Wenzeslaus auf Befehl Kaisers Otto II. beschrieben hat. In einem anderen alten Leben dieses Heiligen ist der Lehrer genannt: misit eum in urbem nuncupatam Budez, ut ibi disceret Psalterium a quodam reverenti presbitero nomine Uncyo.

(28) In der Stadt Budez hatte Spitigniew eine Kirche zur Ehre des heiligen Petrus errichtet. Aus den zu Ende des VII. Absatzes anzuführenden Verordnungen werden wir sehen, daß die Priester auch bey minder angesehenen Kirchen in Flecken und Dörfern unentgeltlich Schulen zu halten verbunden waren.

Endlich bestärket sie auch das, was wir bey Christannus lesen, nämlich daß, um das Gleichniß des Skribenten beyzubehalten, so wie die Bienen zum Bienenstock; eben so Priester, Lewiten und andere Diener Gottes aus Bayern, Schwaben, und andern Ländern Deutschlands zum Hoflager des heiligen Fürsten herbey geeilet wären, und nicht nur Reliquien der Heiligen, sondern auch Bibliotheken mitgebracht hätten. (29) Man braucht nur auf den Stand der Ueberbringer, und auf den Geschmack des zehnten Jahrhunderts zu sehen; und man wird so wohl auf den Innhalt, als auf die Sprache der Bücher mit Gewißheit schliessen können, aus welchen diese Bibliotheken, wie sie Christannus nennet, bestanden.

Wenn es nebst der Bibel, Rituele, Legenden, einige Homilien der Väter, und was man allenfalls noch annehmen kann, die Schriften eines Regino, und Ado, oder vielleicht eines etwas ältern Rabanus und Aimonius waren; so sind wir schon wegen der Sprache, in der sie verfaßt gewesen, auser Zweifel. (30) Ist es aber wohl wahrscheinlich: daß diese Frem-

(29) Veluti apes ad Alvearia, haud secus Sacerdotes, Levitæ, plurimique famuli Dei confluunt ex Bavariorum, Svevorum, aliarumque provinciarum locis, reliquiis cum Sanctorum, Bibliothecis plurimis. *Christann.* apud *Balbin* in Epitome p. 55. In einer ältern Handschrift wird diese von Christannus hier erweiterte Stelle so gelesen: In tempore autem illo multi sacerdotes de ProvinciaBavarorum & verorum, audientes famam de eo, confluebant cum reliquiis Sanctorum, & libris ad eum. *Vita MS.* in Biblioth. Metropolit.

(30) Blanchin beschreibet uns in seinem vortreflichen Evangeliarium quadruplex P. II. fol. DCIV. einen lateinischen Codex aus dem X. Jahrhundert, dessen sich der heil. Wenzel bedienet haben soll. Da Blanchins kostbares Werk in wenigen Händen ist, so dürfte es dem wißbegierigen Leser vielleicht nicht unangenehm seyn, die ganze Beschreibung lesen zu können.

Fremdlinge sich von einem dieser Sprache unkündigen Fürsten eine vorzügliche Aufnahme versprochen hätten? Wie sehr sein Bruder Boleslaw den Werth der lateinischen Sprache zu schätzen wuste, erhellet daraus, daß er seinen Sohn Strachigvas nach Regensburg in das Benediktinerkloster zu St. Emmeran, so wie seine Tochter Milada, oder Mlada in ein Frauenkloster dieses Ordens nach Rom geschickt hat. Eben diese Sprache zugleich mit den philosophischen, und den göt-

---

Hier ist sie mit Blanchins Worten, nebst einer besondern Kupfertafel, die nach Blanchins seiner gezeichnet ist.

Descriptio Codicis Regio-Vaticani, X. Seculi signati Num. 14.

Continet Epistolam sancti Hieronymi ad Damasum, cujus initium est: *novum opus me facere cogis ex veteri* &c.
Hanc excipit Prologus IIII. Evangeliorum incipiens: *plures fuisse, qui Evangelia scripserunt* &c.
Consequitur Epistola Eusebii ad Carpianum: *Ammonius quidem Alexandrinus magno studio* &c.
Dein: Hieronymus Damaso Papa: *Sciendum etiam, ne quis ignarum ex similitudine numerorum* &c.
Habet hic insignis Codex Argumenta & Breviaria quatuor Evangeliorum, & tabulas Eusebianas. Evangelio S. Matthæi præit hic titulus: *In Nomine Trino Divino, orditur liber Sacri Evangelii cata Matthæum: incipit liber generationis Jesu Christi* &c.
Exstat in calce præstantissimum Capitulare Evangeliorum per circulum anni.
In principio hujus sacerrimi Codicis paullo recentior manus hæc adnotavit: *iste liber creditur fuisse Divi Wenceslai Ducis Boemiæ donatus Augustino Olomucensi & Brunnensi Præposito, per Collegium Ecclesiæ Sanctorum Cosmæ & Damiani in antiqua Boleslavia, ubi per impiissimum Boleslaum Fratrem necatus, Martyrii lauream victorioso triumpho suscepit.*

göttlichen Wissenschaften noch besser zu erlernen, (31) zog der junge Adalbert, nachdem er bereits in ihren ersten Gründen von den Priestern unterrichtet worden, (32) und den Psalter auswendig gelernet hatte, (33) auf Befehl seiner edlen Eltern nach Magdeburg, wo er in allen diesen unter der Anführung Ocrichs eines Gelehrten vom ersten Range in den dermaligen Zeiten, einen ausserordentlichen Fortgang machte, (34) und dann mit den be-

(31) Auditoribus enim tunc usus erat *latialiter* fari, nec ausus est quisquam coram Magistro lingua barbara loqui Siehe die gleichzeitige Lebensbeschreibung des heil. Adalbert in act. SS. ad 23. April. p. 188. N. 5.

(32) Qui primis elementis inficiendus presbyterorum datur in manus. Eben daselbst N. 3.

(33) Puer autem proficiens ætate, & Sapientia, ubi tempus erat, Christianis imbuitur literis, nec egressus est domum Patris, donec memoriter didicit psalterium Siehe die andere auch gleichzeitige Lebensbeschreibung des heil. Adalbert in actis SS. p. 179. n. 3. Und in der erst angeführten p. 188. Pater— filium tradidit salutiferis scholis. — Decursis itaque rudis infantiæ balbutientibus annis Davidico nectare Wogthiech (Adalbertus) potatus parvoque melle dulce canentis Gregorii pastus — traditur ad ingenuam Parthenopolim, Teutonum novam Metropolim, liberalibus disciplinis imbuendus. Aus den hier angeführten Stellen kann man sich einen kleinen Begrif von der damaligen Lehrart machen.

(34) Scholis præerat tunc *Otsricus* quidam facundissimus, ætate illa quasi Cicero unus - quem quantus foret—per vicinas urbes circumquaque diffusa Sophia digito monstrat. Apponunt pædagogus, & herus legem, sicut consuetudo erat domi discere, adest puero divina gratia, & currunt divite vena ingenium, sensus & ratio In act. SS. p. 188. Und wieder p. 179. Ipso tempore erat Magister scholarum (Magdeburgi) *Otsricus* quidam Philosophus, sub quo turba juvenum, & librorum copia multa nimis crescente studio floruerunt.

Fast

beſten Büchern verſehen nach Böhmen zurückkam. (35) Unter den Früchten ſeiner gelehrten Arbeiten iſt die Homilia de S. Alexio, welche die Bollandiſten (36) herausgegeben haben. So wuchs die Hochſchätzung dieſer Sprache bey unſeren Ahnen von Zeit zu Zeit ſo ſehr, daß ſie ſich in allen ihren Münzen, öffentlichen Denkmaalen, Urkunden, und Sigillen derſelben bedienten, wie aus den älteſten Münzen unſerer Herzoge: Boleslavs I., des II. und ſeiner Gemahlin Emma; Bolesslavs III.; Jaromirs und ſ. w. (37); dann aus der Umſchrift des Siegels Boleslavs II. (38) welches an deſſen lateiniſchen Stiftungsbriefe des Benediktinerkloſters Brzewniow, der älteſten bishero bekannten Urkunde in Böhmen, zu erſehen iſt, erhellet.

V.

Faſt das nämliche enthält die Lebensbeſchreibung bey Dobner Tom. II. Monum. p. 2.

Hoc mandrita ſcholis in tempore præfuit illis.
Optimus Oſtricus, ſtudio nullique ſecundus.
Copia quo multa librorum floruit aucta.

(35) Interea rediens Philoſophiæ de caſtris, ubi decem, aut plus militaverat annis, ſecum haud modicam librorum copiam referens aderat ſpectabilis heros nomine Woytiech, adhuc ordine Subdiaconus. *Coſmas* ad an. 969. pag. mihi 51.

(36) Act. SS. ad 17 Julii p. 257.

(37) In dem unſchätzbaren k. k. Münzkabinete zu Wien, wie auch in der prächtigen Münzenſammlung des Hr. Biſchofs zu Leutmeritz Grafen von Waldſtein, und dem von mir auf Koſten des für Aufklärung und Literatur ſo ſehr eifernden Prälatens Franz Daller geſammelten auserleſenen Münzkabinete des Prager Prämonſtratenſerſtifts am Strahow kann der wißbegierige Numismatiker die Originale ſehen. Jene, welchen

Die-

V.

Die Errichtung des Prager Bisthums selbst trug sehr viel zur Fortpflanzung der lateinischen Sprache bey.

Pabst Johann XIII. wollte unserem Vaterlande keinen andern Bischof gestatten, als einen vorzüglichen Kenner der lateinischen Literatur. Verum tamen (schreibt er) non secundum ritus aut sectam Bulgariæ gentis, vel Russiæ, aut Sclavonicæ linguæ; sed magis sequens instituta & decreta apostolica, unum potiorem totius Ecclesiæ ad placitum eligas in hoc opus (Episcopatum) Clericum *latinis apprime literis eruditum*. (39) Man glaubte diesen in dem sächsischen Priester Ditmar zu finden, welcher bald darauf zum ersten Bischof zu Prag geweihet wurde. Daß man seit dieser Zeit noch mehr als zuvor darauf bedacht gewesen unsern Böhmen immer mehr Geschmak an der lateinischen Sprache beyzubringen, scheinet ausser Zweifel zu seyn; wenn auch alle alten Skribenten von den An-

fstal-
diese Gelegenheit fehlet, finden die Abbildung, und Beschreibung dieser Münzen in Voigts Beschreibung der Böhmischen Münzen.

(38) Die Abbildung desselben, wie auch des ganzen Stiftungsbriefs ist in Dobners Annal. P. IV.

(39) Diese Bulle findet man beym Cosmas, aus welchem sie alle übrige Geschichtschreiber Böhmens entlehnt haben. Aus der Vorkehrung, die Johann XIII. in selber trift, damit zum ersten Bischof zu Prag nicht etwann ein Priester aus andern Provinzen, als Pohlen, Ungarn, Slavonien, Kroatien, Krain u. s. w., wo der slawische Ritus ausgeübt wurde, gewählet würde, der alsdann die bulgarischen rußischen oder slavischen Gebräuche im Gottesdienst auch in Böhmen einführen wollte, läßt sich nicht folgern, daß vor der Errichtung des Prager Bisthums dieser Ritus in Böhmen geherrschet hat; sonst würde ja der Pabst geschrieben haben: verum tamen non secundum ritus gentis vestræ, oder Ecclesiarum vestrarum; wozu hätte er denn erst die Gebräuche der Bulgaren und Russen anführen sollen?

ſtalten gänzlich ſchweigen, die man in dieſer Abſicht etwa getroffen hat. Zwar giebt Balbin alle Nachrichten für ganz ausgemacht aus, die er uns in ſeiner Epitome (40) von dem Flor der Schule zu Bunzlau ſelbſt von ihrer Errichtung an mittheilet. Da er aber keinen Gewährsmann aus dem Alterthum namentlich anführet, ſtehet es uns noch immer frey, an der Richtigkeit deſſen, ſo er aus jenen erſten Zeiten nach der Entſtehung dieſer, ſpäter allerdings berühmten, Schule anführt, zu zweifeln. Aber dieſer Zweifel erſtreket ſich nur auf die zu genau beſtimmten Umſtände. Denn das Daſeyn einer, und der andern Schule in Böhmen, ſeitdem das Land ſeinen eigenen Biſchof bekam, iſt um ſo glaubwürdiger, weil alle deutſche Bisthümer Pflanzſchulen der Religionslehrer hatten, in welchen die lateiniſche Literatur immer einer unter den Lehrgegenſtänden war. Nach deren Muſter wird ſich das neue Prager Bisthum um ſo mehr gerichtet haben, da es mit Einwilligung und Zuthun des deutſchen Kaiſers Otto, und ſeines deutſchen Metropoliten des Erzbiſchofs zu Maynz errichtet worden. Auch die Gewißheit, die wir haben, daß in ſpäteren Zeiten dergleichen Pflanzſchulen da geweſen, läßt ihr Daſeyn ſelbſt in den älteſten vermuthen. Um ſo mehr, da der Mangel derſelben den Mangel der inländiſchen Kleriſey nach ſich ziehen, und unſere Ahnen in die Nothwendigkeit hätte ſetzen müſſen, zur Beſezung der geiſtlichen Pfründen auswärtige Prieſter nach Böhmen zu berufen. Es ſieht aber der patriotiſchen Denkungsart unſerer Alten gar nicht ähnlich, daß ſie nicht bey Zeiten darauf bedacht geweſen wären, dieſem Unfug abzuhelfen. VI.

(40) Lib. III. & IV.

VI.

Da wir nun von der Einrichtung einer dergleichen, wahrscheinlich da gewesenen, Pflanzschule nichts sagen können; so wollen wir uns doch aus der Einrichtung jener zu Maynz, auch von dieser einen Begrif machen. Die Prager Kirche betrachtete die Maynzer als ihre Mutter, und die Muthmassung ist gewiß nicht zu gewagt: daß sie die meisten Einrichtungen derselben, in so weit es die Lokalumstände zuliessen, wird nachgeahmt haben. Willigis saß dazumal auf dem Erzbischöflichen Stule zu Maynz. Im Jahre 976., das ist, bald nach der Errichtung des Prager Bishtums, gab er seine Verordnung: de Dydascalo oder vom Schullehrer (41) & scholaribus Canonicis (42) heraus (43). Ich will dasjenige herausziehen, was uns von der Einrichtung der Maynzer Schule einen Begrif machen, und uns dann zu wahrscheinlichen Muthmassungen von den Prager Schulen Anlaß geben kann. Vor allem ersehen wir daraus den damaligen Gebrauch, dem zufolge die Schüler in dem Hause ihres Lehrers wohnten, und verpflegt wurden, so wie sie auch, was die Sitten betraf, unter dessen Zucht stunden. Denn es heißt in der Verordnung ausdrücklich: Herward der Lehrer (Dydascalus) der Kirche zu Aschaffenburg in dem Maynzer Metropolitanstifte habe das Recht erhalten, die kanonischen Schüler (Scho-

---

(41) *Didascalare*: Magistrare, docere. *Didascalium*, Gymnasium. Dufres. T. II. p. 1479.

(42) Diesen lateinischen Namen führten damal nicht nur die von der Klerisey, sondern auch selbst die zum Kirchendienst bestimmte Knaben, welche unter der kanonischen Regel gemeinschaftlich lebten.

(43) Diese Urkunde hat *Gudenus* Cod. diplomat. T. I. p. 352. herausgegeben.

(Scholares Canonicos) ohne Ausnahme in seinem Hause zu haben (44). Zweytens: hatte dieser Lehrer einen Gehülfen, dem man den Namen Secundarius gab (45). Drittens: hatte die Schule noch einen Vorsteher, der eine Art Schafner war, und Abt (Abbas (46) hiesse, wie wir das besser unten sehen werden. Viertens: hatte der Lehrer folgende Pflichten, wie sie die gleich anzuführende Stelle der Verordnung auseinander setzet: Weil die Schüler nicht nur an gottgeheiligten Orten, sondern auch sonst überall in Kenntnissen, sittlicher Zucht, und der Furcht Gottes zunehmen müssen, soll sie der Lehrer von ihren Präbenden (Stiftungen vermuthlich) mit Kost und Kleidung versehen. Doch wäre er nur schuldig ihnen die Kappe, (ein damal übliches Kleidungsstük) einen Pelz von Schaffellen, Unterkleider, und die Sutulares (eine Art Schuhe) zu reichen. Wenn der Knabe, oder seine Aeltern das Vermögen nicht hätten, die übrigen Kleidungen anzuschaffen; sollte der Abbt oder Schafner, über das für die Kleidung schon ohnehin bestimmte Geld, dem Lehrer noch jährlich fünf *Solidos* auszahlen. Der Lehrer oder auch sein Gehülfe, wenn er ein Man von gutem Rufe ist, und unter der kanonischen Regel lebt, soll die Macht haben, die Schüler zu vermahnen. Kein Schüler, der nicht kanonisch

(das

---

(44) *Herwardus* Ecclesiæ, quæ est in *Ascafenburc*, Dydascalus in Metropoli Moguntiaca jus Scholares Canonicos apud se in domo retinendi sine exceptione optinuit. Apud *Gudenum* l. c.

(45) Alemarus dicti discipuli Secundarius. Ibid. pag. 353.

(46) *Abbas scholaris*: Literarii Gymnasii primarius Præfectus, Gymnasiarchus. Annal. Bened. — Qua de re Adelbero Archiepiscopus, & Gelbertus *Scholaris Abbas* — una congratulabantur. *Dufres.* T. I, p. 29.

(das ist in der Gemeinschaft) lebet, darf ohne Erlaubniß des Lehrers die Schule besuchen. Die Armen und Niedriggebornen, die Niemand haben, der ihrer Sorge trägt, sollen fleißig unterrichtet, und alle in einer genauen Zucht gehalten werden (47).

Fünftens: wird endlich für das Ansehen des Lehrers, und seine Vorrechte durch folgende Stelle gesorgt: Ohne Erlaubniß des Lehrers wird Niemand die Schüler unterrichten. Die Gäste, sie mögen nun in der Stadt verbleiben, oder nur durchreisen, wenn sie Subdiakonen, oder von einem noch niedrigern Grade sind, sollen unter der Gerichtsbarkeit des Lehrers stehen. In der Schule, auf dem Chor, und in jedem anderen Orte, soll Niemand wider den Willen des Lehrers zur Bestrafung der Schüler die Hand ausstrecken, nur den Kantor ausgenommen, der sie strafen kann, wenn sie den gestrigen Gesang wiederholen. Auf den Sterbefall des Dechants, wird der Leh-

---

(47) Quoniam ergo Scolares non solum in locis Deo consecratis, sed & in aliis quibuscunque locis in doctrina, disciplina atque timore proficere debent, Scholares Canonici a Magistro de prebendis suis victum & vestitum accipiant. Cappam, pelles & pellicium de ovibus, caligas, sutulares Magister tantum dabit. Si puer vel parentes substantiam non habuerint, unde alia ei provideantur, Abbas exceptis denariis ad vestitum pertinentibus Magistro singulis annis quinque solidos addat. Dydascalus (etiam adjutor suus, si fuerit bonæ famæ e Canonicis religiosis) eos commonendi habeat potestatem. Nullus Scolaris, qui non est Canonicus, præter assensum magistri, scholas ingredi presumat. Pauperes; humiles provisoribus carentes diligenter instruantur. Omnes ad disciplinam summopere informentur. Aupd Guden. l. c. p. 355

Lehrer alles das in der Kirche verrichten, was der Dechant statt des Bischofs oder Abtes zu verrichten pflegte. Wenn der Dechant in seinen Geschäften verreiset, wird der Lehrer seine Stelle vertreten, doch mit Ausnahme der gerichtlichen Händel, die er niemals übernehmen wird. Aller Orten werden die Brüder vor dem Dechant und dem Lehrer aufstehen, und beyden alle Ehrerbietigkeit erweisen. Auch im Chor und Capitel, in dem Münster (monasterium) so hießen die gemeinschaftlichen Wohnhäuser der Domherren) werden sie ihnen ihre Verbeugungen nicht versagen. Der Lehrer soll nur, wenn er will, und dieses an den größten Festtagen in irgend einer priesterlichen Verrichtung, oder jener eines Diakons und Subdiakons in der Kirche dienen. An den Festtagen, und ihren Vorabenden soll der Lehrer, wenn er zugegen ist, so wie die ältern Domherren nur die dritte, und neunte Lektion vorlesen. Keine Wahl, kein anderes Geschäfte soll in der Gemeinde ohne Beystimmung des Lehrers vorgenommen werden; Es seye dann, der Dechant habe Klagen zu untersuchen, oder die Brüder nach der Vorschrift der innern Hauszucht zu bestrafen. Sollte aber der Schullehrer mit Erlaubniß auf ein Jahr abwesend seyn, ohne sich bey einem vorhabenden Geschäfte ausdrücklich dawider eher erkläret zu haben; so mag die Gemeinde der Domherren in der Sache ohne weiters beschliessen, was sie im Herrn für das zuträglichste, und anständigste halten wird. Der Bischof, oder Abt wird

dem

dem Schullehrer die Erlaubniß nicht versagen, durch zwey, drey, oder auch mehr Jahre, selbst mit Beybehaltung seiner ganzen Einkünfte, zu reisen; wenn die Ehre Gottes und seiner Kirche, oder seine Kenntnisse dadurch befördert werden(48).

VII.

Daß die Schule der Prager Kirche in ihrer Hauptanlage von der erst beschriebenen Maynzer nicht viel unterschieden war, läßt sich aus einem doppelten Grunde behaupten. Weil

(48) Nulli sine licentia Magistri scolares instruant. —Hospites quoque sive in civitate maneant, sive pertranseant, si Subdiaconi sunt, vel infra ad jurisdictionem Magistri pertineant. In scolis vero, in choro seu in quocunque loco nullus invito Magistro ad correptionem Scolarium manum extendat, nisi cantor, dum cantum hesternum recitant, eos corripiat. Defuncto Decano Magister vice Episcopi, vel Abbatis in Ecclesia faciat, quod Decanus faciebat. Si Decanus ad sua negotia perrexerit, magister vicem eius suppleat, excepto quod causas judicialiter tractandas non suscipiat. In omni loco fratres Decano & Magistro assurgant, & omnem reverentiam exhibeant. Præterea in choro, capitulo, monasterio, conventu, eis inclinia non subtrahant. In Sacerdotali, Diaconali, Subdiaconali officio Dydascalus, si vult, tantum in summis festis in Ecclesia serviat. In festis & profestis noctibus Magister, si præsens fuerit, cum senioribus nonam vel tertiam lectionem legat. Nulla electio, nullum negotium sine assensu Magistri in Ecclesia promoveatur, nisi Decanus causas conquerentium tractet, vel nisi fratres suos claustraliter emendet. Si vero Magister annuam licentiam accepit, & prius in contradictione alicujus negotii ejus vox audita non fuit, Ecclesia, quod utile & honestum sibi fuerit, visum, faciat in Domino. Ad honorem Dei & Ecclesiæ ad studium proficiscendi duobus vel tribus annis vel amplius, si oportuerit, cum integritate stipendiorum Dydascalo ab Episcopo & Abbate licentia nullatenus est deneganda. Ib. pag. 356. seq.

Weil Kosmas, der gleich das Jahrhundert nach unserm ersten Bischof Ditmar gelebt, und geschrieben hat, sowohl Spuren eines Münsters der Domherren, und eines gemeinschaftlichen Lebens der Klerisey; als der bey der Kirche errichteten Schulen, und eines dort angestelten Schullehrers uns in seiner Chronik hinterlassen hat. Und dann, daß der Maynzer Erzbischof Willegis die erst angeführte Verordnung nach den Worten des Diploms mit Beystimmung seiner Beysitzer der ehrwürdigen Bischöfe von Speyer, Worms, Prag, und Mähren (49) herausgegeben hat. Sollte Ditmar nicht darauf verfallen seyn, das für seine Kirche einzuführen, was er für eine andere mit gutgeheissen hat?

Wir werden an seinem Orte finden, daß auch die Prager Kirche, so wie andere in Deutschland, unter den Domherren ihren **Scholastikus** (Prelatum Scholasticum) gehabt, der gewiß kein anderer, als der **Schullehrer** (Dydascalus) der ältern Zeiten war. Wie wäre er zu dieser Benennung, wie wäre er zu den Vorrechten, die diese Person des Kapitels in den Deutschen Stiftern hatte, gekommen, wenn er nicht so, wie die an andern Stiftern, den Schulen wirklich vorgestanden wäre? Es wird also aus allen diesen Bemerkungen gewiß, daß das Prager Bisthum gleich von seiner Errichtung nach aller Wahrscheinlichkeit mit einer Schule versehen war, worin-

---

(49) Adstipulantibus quoque Assessoribus nostris venerabilibus Episcopis, Spirensi, Vormatiensi, *Pragensi*, & Moraviensi. Siehe das Diplom bey Gudenus l. c. p. 353. Ditmar war damals Bischof zu Prag, Wracen wahrscheinlich Bischof in Mähren. S. Dobner Annal. Hagec. P. IV. p. 241. 246.

rinnen wenigstens die Gründe des Lateins der Jugend beygebracht wurden, als eine bey den eingeführten lateinischen Kirchengebräuchen unumgänglich nöthige Vorbereitung zum geistlichen Stande; oder wer kann behaupten, daß man dieses Hülfsmittel itzt durch mehr als zwanzig Jahre gänzlich vernachläßiget habe; da man es doch in Böhmen schon eher einigermassen gekannt hat? Die Böhmische Kirche gab den andern Bischöflichen Kirchen Deutschlands nie an Eifer, oder weisen Einrichtungen etwas nach, und daß in derselben dergleichen Schulen lange zuvor bestanden, lesen wir in verschiedenen deutschen Concilien, und in den Kapitularen der Fränkischen Könige.

So ward schon unter Pipin, dem Vater Karls des Grossen, im Jahre 762 verordnet: die Vorsteher der Kirchen sollten sorgfältig wachen, daß Knaben, und Jünglinge, die in der ihnen anvertrauten Gemeinde genähret, und unterrichtet werden, auch unter einer unabläßlichen geistlichen Zucht gehalten würden. Diese Zöglinge nun zu bewachen und zu unterrichten, soll von dem Vorsteher einem Bruder von erbaulichem Wandel aufgetragen werden. Dieser soll alles Fleisses für sie sorgen, und sie unter der schärfesten Zucht halten, daß sie mit den zum Kirchendienst nöthigen Wissenschaften bekannt, und mit geistlichen Waffen ausgerüstet, zum Nutzen der Kirche gebraucht, und zu geistlichen Ehrenstellen einst nach ihrem Verdienste befördert werden könnten. Die ganze klerikalische Jugend aber soll in einer Behausung beysamsammen wohnen, und der Aufsicht eines der Aeltern von dem untadelhaftesten Wandel überlassen seyn, der in Wissenschaften ihr Lehrer sowohl, als ihres sittlichen Wandels Zeuge seyn soll (50).

Auch die Verordnung Karls des Grossen vom Jahre 788 ist bekannt, daß in jedem Bißthume, und in jedem Münster Schulen zu errichten wären (51), in welchen die Söhne der freygebohrnen sowohl, als der leibeigenen oder Knechte die Sprachlehre, Tonkunst, und Rechenkunst gelehret würden, wie dessen Ansegis, Abt zu Lobes, der zu Karls Zeiten gelebet, in seinem ersten Buche erwähnet (52), so daß Baronius aus diesem Zeugnisse diejenigen

ei-

---

(50) Solerter Rectores ecclesiarum vigilare oportet, ut pueri & adolescentes, qui in congregatione sibi commissa nutriuntur, vel erudiuntur, jugibus ecclesiasticis disciplinis constringantur. Quapropter in hujusmodi custodiendis, & spiritaliter erudiendis talis a Prælatis constituendus est vitæ probabilis frater, qui eorum curam summa gerat industria, eosque ita arctissime constringat, qualiter ecclesiasticis doctrinis imbuti, & armis spiritalibus induti, & ecclesiæ utilitatibus decenter parere & ad gradus ecclesiasticos quandoque digne possint promoveri. Quisquis autem in Clero puberes aut adolescentes existunt, omnes in uno conclavi atrii commorentur, deputati probatissimo seniori, quem & magistrum doctrinæ & testem vitæ habeant. *Crodegangi* Metensis Epis. Regula Canon. cap. 48 in Tom. 1. Concil. German. p. 110. seq.

51) Caroli Magni constitutio de scholis per singula Episcopia & Monasteria instituendis, welche Baluzius in Tom. I. Capitular. reg. Francor. pag. 202. und nach ihm Schannat T. I. Concil. Germ. p. 261. herausgegeben haben.

(52) Carolus siquidem constituit, in singulis monasteriis & Episcopiis scholas esse, ubi ingenuorum & Servorum filii Grammaticam, Musicam, & Arithmeticam doceantur.

Anse-

einer Erdichtung beschuldigt, die da behaupten, daß man in jenen Zeiten keine andere Vorbereitung zu höheren Wissenschaften nöthig gefunden, als etwas Grammatik; ja daß man in jenem ungeschlachten Zeitalter denjenigen schon für einen grossen Gelehrten gehalten, der mit der Sprachlehre bekannt war. (53) Sonst weiß man aus einer andern Verordnung in den Kapitularen der Fränkischen Könige, daß Karl der Grosse im Fall eines Vermählungsgeschäftes zwischen dem deutschen und griechischen Kaiserhause den jeweiligen Bischof von Osnabrück zur Gesandtschaft nach dem Oriente darum tauglich finde, weil er schon eher lateinische und selbst griechische Schulen für diese Stadt auf immer festgesetzt, und also die Hofnung hatte, daß es in der dortigen Kirche niemal an einer dieser beyden Sprachen kündigen Klerisey mangeln würde (54); und aus den Statuten des Benediktiner-Klo-

Ansegisus L. I. apud Baron. ad an. 802. Die Verordnung Karls finden wir beym *Baluzius* Tom. I. Capitular. pag. 714 mit diesen Worten: Et non solum servilis conditionis infantes, sed etiam ingenuorum filios adgregent, sibique socient. Et ut scholæ legentium puerorum fiant. Psalmos, notas, cantus, compotum, grammaticam per singula monasteria vel episcopia discant.

(53) Baronius ad an. 802.

(54) Insuper vero eidem Episcopo (Osnabrugensi) suisque successoribus perpetuam concedimus libertatem, & ab omni Regali servitio confirmamus absolutionem. Nisi forte contingat, ut Imperator Romanorum vel Rex Græcorum conjugalia fœdera inter filios eorum contrahere disponant, tunc Ecclesiæ illius Episcopus, omni sumptu a Rege, vel Imperatore adhibito, laborem, simul & honorem illius legationis assumat. Et hoc ea de causa statuimus, quia in eodem loco græcas & *latinas* scholas in perpetuum manere ordinavimus & nunquam Clericos utriusque linguæ gnaros ibidem deesse in Dei misericordia confidimus. Apud *Baluz.* T. I. p. 419. & *Cranz.* hist. Eccl. L. I. cap. 2 p. 4.

Klosters zu Murbach, daß der Abt dieses Klosters, der heil. Augsburger Bischof Simpert die lateinische Sprache zum täglichen Gebrauche empfahl. Die mit den Schülern zu thun haben, verordnet er, sollen sich vielmehr des Lateins, als der Muttersprache (von der er sich des Ausdrucks, rusticitas gebrauchet) bedienen: denn durch eine dergleichen Unterredung lernet man oft Schriften besser verstehen, als durch das blosse Lesen (55). Auch war es in Deutschland und dem ganzen fränkischen Reiche nichts seltenes, daß selbst minder angesehene Kirchen ihre Schulen hatten; wie dann eine Verordnung Theodulfs Bischofs zu Orleans, in einem Briefe an die Klerisey seines Sprengels vom Jahre 885 vorhanden ist: daß die Priester in Flecken, und Dörfern für die kleinen Kinder der Gläubigen Schulen halten, aber keine Bezahlung dafür fodern, und nur das annehmen sollten, was ihnen die Aeltern freywillig und aus blosser Liebe darreichen würden (56). Dergleichen Schulen waren auch in Böhmen an der Teynkirche, zum heiligen George auf dem Prager Schlosse, zu Tetin, und vorzüglich zu Budez.

VIII

(55) Ufum latinitatis potius, quam rufticitatis (id eft: fermonis vernaculi) qui inter eos fcholaftici funt, fequuntur; in tali etiam confabulatione notitia Scripturarum aliquotiens magis, quam lectione penetratur. *Pezii* Thefaur. Anecdot. T. II. P. III. col. 380. & Concil. German. Tom. I. pag. 382.

(56) Presbyteri per villas & vicos fcholas habeant. Et fi quilibet fidelium fuos parvulos ad difcendas literas eis commendare vult, eos fufcipere & docere non renuant. Cum ergo eos docent, nihil ab eis pretii pro hac re exigant, nec aliquid ab eis accipiant, excepto, quod eis parentes caritatis ftudio fuæ voluntatis contulerint. *Theodulphus* Aurelianenfis Epifcop. in Epift. ad Clerum fuæ Diœcefis apud *Baron.* ad an. 835.

VIII.

Doch indem ich diese Muthmaſſungen auf ihrem Werth und Unwerth beruhen laſſe; ſo kann ich doch den Zeitpunkt des durch mehrere Schulen in Böhmen verbreiteten Unterrichts in der lateiniſchen Literatur mit Gewißheit angeben. Dieſer iſt das Jahr 693, in welchem die Benediktiner, ein Orden der ſich mit dem Unterricht der Jugend in jenen Zeiten vorzüglich abgab (57), in unſer Vaterland berufen worden.

Ich

(57) Von welch einem Geiſte dieſer ganze Orden gleich von ſeinem erſten Urſprung an beſeelet worden, belehrt uns Mabillon in ſeinem Tractatus de ſtudiis monaſticis; wenn er uns verſichert: daß der heil. Stifter ſelbſt die Gelehrſamkeit für eine der Grundfeſten des Ordens angeſehen, indem er bey der Wahl der Aebte nicht nur auf Erbaulichkeit des Wandels, ſondern auch auf Gelehrſamkeit zu ſehen befahl, und ſeinen Geiſtlichen ſo wie das Gebeth und die Handarbeit, alſo auch das Leſen vorſchrieb, wozu er täglich wenigſtens zwo, in der Faſte drey, zu anderen Zeiten auch mehr Stunden beſtimmte; und das überhaupt die jungen Geiſtlichen zu feſtgeſetzten Stunden von einem tauglichen Lehrer täglich unterrichtet werden, die ältern aber bis in ihr fünfzigſtes Jahr den Wiſſenſchaften obliegen muſten; weſſentwegen der ſchriftliche Verweis des heil. Gregorius an einen gewiſſen Abt, daß ſeine Brüder das Leſen vernachläſſigen, eben nicht befremdend iſt. Dieſer Eifer für die Wiſſenſchaften ſchränkte ſich aber niemals auf die bloſſe Ausbildung der Glieder des Ordens ein, für welche bey einem jeden Kloſter ein ſo genanntes Gymnaſium interius gewidmet war: ſie ſorgten eben ſo eifrig für den Unterricht der weltlichen Jugend, und hatten darum an jedem Kloſter auch ein Gymnaſium exterius. *Mabillon* de ſtud. monaſt. P. I. cap. VII. & XI. Man ſieht aus allen dieſem, daß dieſer groſſe Benediktiner recht daran iſt, wenn er behauptet: daß Vernachläſſigung der Wiſſenſchaften, und Verfall der Zucht in Klöſtern genau verbunden iſt Ubi primum, ſagt er cap. VIII. pag. 21, in cœnobiis ſtudia elanguerunt, omnis quoque diſciplinæ regularis honeſtas ad nihilum redacta eſt, rerumque temporalium cura illico ſubſecuta, —— ex quo ſubinde prodiit totius monaſticæ perfectionis deſolatio Eine Wahrheit, die alle Vorſteher geiſtlicher Gemeinden nie genug beherzigen können.

Ich will es nach dem Beyspiele unsers Dobners (58) eben nicht bezweifeln, daß schon eher einige fromme Männer dieses Ordens nach Böhmen gekommen, und in hin und wieder zerstreuten einzelnen Zellen, besonders aber auf der sogenannten Insel, nach Art der Einsiedler gelebet. Denn es ist nicht glaublich, daß der erste Prager Bischof Ditmar, der, wie bekannt, selbst ein Benediktiner war, nicht einige seiner Ordensbrüder mit sich nach Böhmen gebracht, oder sie doch später dahin berufen haben sollte. So was hat wenigstens vor ihm der Apostel Deutschlands, der heilige Bonifazius gethan; indem er diese seine Ordensbrüder durch die, seiner Hirtensorge anvertraute, Gegenden in einzelne Zellen vertheilet, dem Unterrichte der Jugend obliegen hieß. Denn er meldet dieses dem Fulradus selbst in einem Briefe, in welchem er ihn bittet: diese Ordensleute dem Könige Pipin zu empfehlen: daß er denselben nach seinem Tode ihren Unterhalt anweisen möchte (59). Doch will ich eben nichts als ausgemacht behaupten, was sich bloß auf Muthmassungen, und nicht auf historische Thatsachen gründet. Genug im Jahre 993 war es, als die Benediktiner das erste Kloster in Böhmen zu Brzewnow nächst Prag bekamen. Herzog Boleslaw dem frommen, und dem heiligen Bischof Adalbert hatten sie es zu danken; welcher letztere diejenigen zu Rom auswäh-

---

(58) Annal. Hag. P. IV. p. 455.

(59) Quidam sunt monachi per cellulas nostras infantes ad legendas literas ordinati. — — De his omnibus solicitus sum, ut post obitum meum non disperdantur &c. Epist. *Bonifacii* ad *Fulrad*, apud *Baron*, ad a. 755.

wählen und nach Böhmen kommen ließ, die man vor andern
tauglich fand: einem seit eben nicht zu langer Zeit zum Christenthume gebrachten Volke durch die Heiligkeit des Lebens
vorzuleuchten, so wie die Roheit desselben durch ihre Kenntnisse
zu mildern. Die Geschichtschreiber (60) sprechen vorzüglich
von einem gewissen Anastasius mit vielem Lobe, der beyde
Eigenschaften in höherm Grade besaß. Diese frommen, und
für jene Zeiten geschickten Männer säumten nicht, in ihrem
Kloster eine Schule zu eröffnen; in der vorzüglich die adeliche Jugend gebildet würde. Ueberhaupt sind die Zeugnisse
alter Skribenten häufig, die uns keinen Zweifel erlauben: daß
die Benediktinerklöster, wenn ich mich von jenen Zeiten dieses
Ausdrucks bedienen darf, eben so viele Ritterakademien gewesen sind; so daß die Fürsten durch die vielfältigen Stiftungen für diesen Orden nur die Erziehung der Jugend, vorzüglich aber der adelichen zu befördern glaubten. Hieher gehört das Zeugniß des bayerischen Herzogs Thassilo in der
ältesten Stiftungsurkunde des Klosters Kremsmünster beyläufig vom Jahre 779. Unsere Vorfahren guten Gedächtnisses, sagt er, haben das ihrige, insofern sie konnten,
zum frommen Gebrauche gewidmet; sie erbauten Kirchen, und bereicherten sie mit ihren Schätzen; auch Klöster zum Unterrichte in Wissenschaften haben sie erbauet,
und kein geringes Geld auf sie gewendet (61). Und
Trit-

---

(60) *Bonfinius* Dec. II. hist. Hung. Lib. I. *Balbin.* Boh. sanct.
P. II. p. 9. *Dobner* Annal. P. IV. p. 425.

(61) Bonæ memoriæ antecessores mei, in quantum potuerunt, res
suas

Tritheim bezeuget ebenfalls, daß es in jenen Zeiten eine allgemein ausgebreitete Gewohnheit war, fast in allen Klöstern Schulen zu eröffnen, in welchen nicht weltliche Lehrer, sondern Mönche, die ihre Sitten und Kenntnisse vor andern empfehlen, der Jugend vorstünden. (62). Weil ich aber oben einer Art Ritterakademien erwähnte, so kann ich nicht umhin zu wiederholen, daß beynahe jedes wichtigere Kloster dieses Ordens ein adeliches Erziehungshaus war; so daß die Mönche den männlichen, die Nonnen aber den weiblichen jungen Adel bildeten. Ohne die Beyspiele zu häufen, will ich nur der beyden Klöster, des zu St. Emeran in Regensburg, und jenes zu Magdeburg gedenken. Wie groß damals der Zulauf der adelichen Jugend und selbst der Fürstenkinder zu dergleichen Klosterschulen war, läßt sich unter andern aus folgender Stelle der Jahrbücher des Stifts Corvey vom Jahre 978 schliessen: Abt Luitholph war bey Fürsten und Edlen in grossen Ehren, welche ihre Söhne in die Wette zu unserer Schule schickten (63); doch wir müssen nach Brzewnow zurück.

C 2   IX.

suas devoverunt, Ecclesias Dei construxerunt, easque suis opibus ditarunt, monasteria quoque studiorum construxere, & non modicas ad eadem pecunias tradidere. Apud *Lazium* de migrat. Gent. Lib. 7. p. 245.

(62) Erat autem his temporibus consuetudo celeberrima, ut scholæ monachorum in singulis pene cœnobiis haberentur, quibus non sæculares homines, sed monachi moribus & eruditione præficiebantur nominatissimi. *Chronicon Hirsaug.* ad an. 890.

(63) *Luisbolphus* Abbas in magno honore apud Principes & No-

IX.

Von dem Zustande der dortigen Schule in den ältesten Zeiten kann man wieder nichts gewisses sagen. Zur Zeit der hußitischen Schwärmerey ward das Klostergebäude, so wie die Kirche, ein Opfer der Flammen. Da die Bibliothek ein gleiches Schicksal betraf; so dörfen wir über den Mangel gleichzeitiger Nachrichten uns nicht wundern. Boleluzky (64) wagt es zwar zu behaupten: Die Schule des Klosters hätte in einer ununterbrochenen Reihe beynahe 60 Lehrer oder Leser gehabt. Wie groß unter ihnen, setzt er hinzu, die Anzahl der Schüler sowohl von der Klosterjugend, als von der auswärtigen gewesen seyn müsse, könne man ganz leicht abnehmen. Vorzüglich wenn alles das seine Richtigkeit hat, was schon zuvor angeführet worden ist, daß die Klöster damals fast so eingerichtet waren, wie itzt die Gymnasien. Aber woher hat wohl Boleluzky diese Anzahl Lehrer, die zwar in einem Zeitraum von mehr als 300 Jahren, nämlich vom Jahre 993 bis zur Zerstörung des Klosters, eben nicht übertrieben ist? Hätte er uns doch einige Lehrer mit Namen genannt, oder uns mit seiner Quelle bekannt gemacht? daß wir sein Vorgeben für mehr als Muthmassung gelten lassen könnten. Ziegelbauers allgemeinere Behauptung: daß Brzewnow durch seine Schule vorzüglich berühmt war (65), hat,

---

biles, qui filios suos certatim mittebant in scholam nostram. Apud *Leibnit.* Tom. II. p. 302.

(64) In Rosa Bohem. c. 13. p. 376.

(65) In Epitome hist. Monast. Brzewnow. p. 158.

ungeachtet des Mangels bestimmter historischer Beweise, doch noch mehr vor sich. Denn aus den Libris Erectionum kann man mit Gewißheit wenigstens soviel abnehmen: daß selbst nach der Errichtung der Universität zu Prag, die Schulen zu Brzewnow noch beybehalten worden sind. Denn im Jahre 1388 verspricht am 4. März der Abt Diwiß dem Scholastikus der Prager Metropolitankirche Adalberten von Ericino, für die dem Kloster bey Lebzeiten geschenkte Bücher, ein jährliches Todtenopfer an seinem Sterbetage, wie auch ein Mittagmahl für 13 Schüler (66). Diese Ungewißheit von dem Zustande der Brzewnower Schulen in jenen Zeiten erstreckt sich auch auf die Schulen, mit welchen das Kloster auf der Insel, das nur 7 Jahre später gestiftet worden, dann die übrigen Benediktinerklöster, als zu Braunau, zu Kladrau, zu Willemow, zu Podlaschitz, und zu Postelberg nach dem durchgängigen Gebrauche dieses Ordens, um so gewisser versehen gewesen, je nöthiger der Unterricht in der lateinischen Sprache nicht nur den Zöglingen des geistlichen Standes, sondern auch denen war, die für den Dienst des Staats vorbereitet wurden. Sie war ihnen, wie ich schon oben erinnerte, wegen der Unterhandlungen mit den benachbarten Fürsten, an deren Höfen die slavische Sprache unbekannt war, unentbehrlich. Und selbst, was unsere inländische Geschäfte betrifft, so ward es bald Sitte: alle Majestätsbriefe, Testamente, Kaufbriefe, und Verträge, mit einem Worte alle öffentliche Urkunden in der lateinischen Sprache zu ver-

---

(66) Anniverſarium, quo obivit, & 13 ſcholares eo die alendos in prandiis. In *Libris Erect.* Tit. X. p. 203. Apud *Balbin.* Decad. I. Lib. V.

faſſen. So wie gemeiniglich ein Volk, das mit Völkern, die ſeine Sprache nicht verſtehen, zu thun hat, ſeine Zuflucht zu einer dritten nimmt; um durch den Gebrauch der des andern Volks, ſeinem Anſehen nichts zu vergeben. Bey dem Stillſchweigen von dem alten Zuſtande der Kloſterſchulen aber haben wir doch ein merkwürdiges Zeugniß von der Schule des Kloſters Oppatowitz, welches König Wratiſlaw im Jahre 1086 geſtiftet hat. Neplacho ein Abt dieſes Kloſters, ſchreibt in ſeiner von Dobnern herausgegebenen Chronik beym Jahre 1302 von ſich ſelbſt: In dieſem Jahre ward ich als ein Knabe, am Georgenfeſte in die Schule des Kloſters Opparowitz gethan (67). Was aber Balbin von dem Ruhme dieſer Schule, von der groſſen Anzahl der Schüler ſelbſt aus dem erſten Adel berichtet, ſind wohl nur Muthmaſſungen. Dieß kann ich aus einem Codex der alten Kloſterbibliothek zu Rokizan, welcher im Jahre 1389 einem gewiſſen Martin, zu dieſer Zeit Rektor der Oppatowitzer Schule, geſchrieben worden (68), als gewiß angeben, daß auch dieſe Schule nach der Errichtung der Prager Univerſität beybehalten worden. Mit den Benediktinern fiengen endlich auch die Prämonſtratenſer an zu wetteifern. Herzog Wladiſlaw, der nach-

(67) Eodem anno, qui hic pueriliter tracto, in feſto S. Georgii in monaſterio Oppatovicenſi ad ſcholas appoſitus fui. Bey Dobner Monum. Tom. IV. p. 120.

(68) Der Codex iſt auf Papier in Folio geſchrieben. Seine Aufſchrift lautet: Liber Hugonis de S. Victore. Tractat per omnia de arca Noe. *Scriptus eſt Martino pro tunc rectori ſcholarum in Oppatomycz, anno dominicæ Incarnationis* 1389. Böhm. Lit. I. B. S. 258.

nachmals die königliche Würde vom Kaiser erhielt, hatte diesen Orden, noch vor der Mitte des XII. Jahrhunderts in Böhmen eingeführt. Daß aber auch die Erziehung, vorzüglich der adelichen Jugend, die Beschäftigung der Chorherren dieses Ordens sowohl, als der Nonnen gewesen, ist schon das Zeugniß des gleichzeitigen Vincenz Beweises genug, der beym Jahre 1151 ausdrücklich schreibt: Herzog Wladissaw habe seinen Sohn Adalbert (eben den, der nachmals Erzbischof zu Salzburg geworden ist) in das Stift auf dem Berg Sion oder Strahow, so wie seine Tochter Agnes nach Doxan gegeben, daß beyde dort unterrichtet würden, und ihre sittliche Bildung erhielten (69). Auch Heinrich Bischof zu Prag und Herzog von Böhmen ist nach Crugers Zeugniß (70) bevor in dem Stifte Strahow gebildet worden, ehe er in die höhern Schulen nach Paris geschickt wurde. Indessen waren nebst der Schule an der Hauptkirche, die Klosterschulen dieser beyden Orden nicht die einzigen im Lande. Daß die Collegiatkirchen auf dem Wischehrad, zu Leutmeritz, Bunzlau und Melnik, die ihrigen gehabt, ist uns aus verschiedenen Urkunden, in welchen ein Scholastikus dieser Kapitel unterschrieben ist, erweislich. Der Bunzlauer Schulen gedenket in seinen Statuten der Prager Erzbischof Arnest; und daß der auf dem Wischehrad der Domherr Franz einstens vorgestanden, sagt er uns selbst (71). Daß in

C 4   Saatz

(69) Dux autem Wladislaus filium suum Adalbertum in montem Sion, filiam suam Agnetem in Doxan, literis & conversationi ad erudiendum tribuit. Bey Dobner Tom. I. Mon. pag. 44.

(70) Sac. Pulv. XIII. Cal. Aug.

(71) Commisit autem (Joannes Pragensis Episcopus) officium prædica-

Saatz, einer Stadt, in welcher die Wissenschaften zu allen Zeiten blühten, und die unserm Vaterlande immer viele Gelehrte gab (72), eine berühmte Schule war, versichert uns Balbin (73). Endlich macht Dalemil beym J. 1108 Erwähnung jener Schule, die zu Libitz, im heutigen Königgrätzer Kreise zu Anfang des zwölften Jahrhunderts geblühet hat.

X.

Aus dem bereits überhaupt Gesagten wird der Leser ganz leicht abnehmen, daß ich ihm alle, mehr in das einzelne gehende Fragen, als: welche Wissenschaften, von wie viel Lehrern, und nach welcher Methode auf diesen unsern vaterländischen Klosterschulen gelehret worden, um so weniger beantworten kann. Hielten es ja unsere Alten der Mühe werth o was aufzuschreiben; so brachten uns die Zeit, oder vielmehr die vielfältigen Verheerungen, die theils der Neid seiner Feinde, theils die Uneinigkeit seiner Bürger über unser Vaterland gebracht, um alle diese Denkmaale ihres Fleißes. Ich muß also wieder zu der Muthmassung meine Zuflucht nehmen; daß unsere Klosterschulen sich wohl auch hierinn nach jenen der Klöster in Deutschland werden gerichtet haben. Von diesen aber hinterließ uns der ungenannte Biograph des Paderborner Bischofs Meinwerc, ein Schriftsteller des XI. Jahrhunderts,

dicationis suo Capellano, & Pœnitentiario *Francisco*, quondam Rectori scholæ in Wissegrado. Franc. Chron. Prag. L. 3. p. 185. Tom. II. script. rer. Boh.

(72) *Balbin.* Boh. doct. P. II. p. 333. & 339. Prochaska Fat. sæcul. p. 276, 348. seqq.

(73) *Balbin.* Boh. doct. P. I. p. 106.

Gedanken von der latein. Liter. ꝛc.   43

derts, eine zuverläßig getreue Schilderung; wenn er von jener zu Paderborn schreibt: Es blühten Uebungen in vielen Arten der Wissenschaften; und gutgeartete Knaben und Jünglinge wurden nach einer regelmäßigen Lehrart unermüdet unterrichtet, welche in der klösterlichen Zucht sowohl, als in den Kenntnissen keinen gemeinen Fortgang machten. Es gab Tonkünstler da, es zeichneten sich Dialektiker aus, Lehrer der Redekunst, und fürtrefliche Grammatiker. Die Lehrer der freyen Künste bearbeiteten das Trivium, (das ist: die Grammatik, Rhetorik, und Dialektik); auch widmeten sie ihren ganzen Fleiß dem Quadruvium (das ist: den vier Theilen der Mathematik, der Rechenkunst, der Geometrie, der Tonkunst, und der Sternkunde (74). Dort glänzten Mathematiker, und Sternkündige; dort hatte man Physiker, und Meßkünstler. Horaz war da im Schwunge, und der grosse Virgil. Crispus Salustius, und der feine Statius. Alle suchten ein Vergnügen darinn, Verse oder andere Aufsätze (dictamina) auszuarbeiten und sich im reizenden Gesange zu üben. In der Schrift aber und der Malerey (der Bücher) spricht ihrem Fleisse die Erfahrniß vielfältiges Lob; da man den Gebrauch nützlicher Bücher der Beschäftigung der edlern Klerisey zu danken hat (75). Aus allem diesem ist klar, daß in den Schulen

zu

---

(74) Du Fresne Glossarium voce *Quadruvium*.

(75) Studiorum multiplicia floruerunt exercitia: & bonæ indolis juvenes & pueri strenue instituebantur norma regulari, proficientes haud segniter in claustrali disciplina, omniumque

lite

zu Paderborn, und folglich auch in andern durch Deutschland, vorzüglich getrieben worden: die Sprachkunst, die Schönschreibung in einem vorzüglichen Grade, so daß die Kunst damit verbunden war: die Bücher mit allerley kleinen Gemählden, dann mit Gold auszuzieren; wie man das in alten abgeschriebenen Werken findet (76); die Dichtkunst, oder viel-

literarum doctrina ... quando ibi *Musici* fuerunt, & *Dialectici,* enituerunt *Rhetorici,* clarique *Grammatici*; quando *Magistri artium,* exercebant *trivium,* quibus omne studium erat circa *quadruvium* : Ubi *Mathematici* claruerunt, & *Astronomici,* habebantur *Physici,* atque *Geometrici* Viguit *Horatius,* magnus & *Virgilius, Crispus* ac *Salustius,* & urbanus *Statius:* ludusque fuit omnibus insudare versibus, & dictaminibus, jocundisque cantibus. Quorum in scriptura & pictura (scilicet: librorum) jugis instantia claret multipliciter hodierna experientia; dum studium nobilium Clericorum usu perpenditur utilium librorum. Apud *Leibnit.* T. I. script. rer. Brunsuic. p. 546.

(76) Die k. k. Bibliothek auf der Prager Universität besitzt derer viele. Besonders zeichnen sich unter ihnen aus zwey mit den prächtigsten Gemählden ausgezierte, auf Pergament im größten Format sehr schön geschriebene böhmische Gesangbücher (Kanzionalien); dann der fast eben so schöne, aber seines Inhalts wegen für die Bibliothek wichtigere, auf Pergament in Regalfolio geschriebene Codex aus dem XIV. Jahrhunderte, in welchem die Werke Plinii secundi enthalten u: d. Die ersten zwey hat der kleinseitner, den dritten aber der altstädter Magistrat der Bibliothek verehret. Der Patriot, und der Ausländer, welcher diese bibliothekärische Schätze bewundert, ließ auch auf dem ersten Blatte die Namen derjenigen, welche durch dieses wichtige Geschenk ihr Andenken bey der Bibliothek verewiget haben. Hier sind die Aufschriften. Auf dem ersten Blatte des Kanzionals:

Liber hic magnis sumptibus Micro-Pragensis Senatus, totiusque communitatis ad cultum divinum pro fidelibus sub utraque specie communicantibus, & asseclis Magistri Joannis Huss bohemico idiomate confici, variis insignibus, multisque aliis pictu-

vielleicht nur lateinische Versmacherey; die Redekunst, die Dialektik, die Naturlehre, die Musik, die Rechenkunst, und die

> picturis artificiosissime olim exornari jussus, duobus abhinc sæculis a præfato Senatu inter multa belli discrimina sedulo asservatus in perpetuam rei memoriam, majusque decus publicæ, ac regiæ Bibliothecæ Universitatis Cæsareo-Regiæ Carolo-Ferdinandeæ sub præsidio Illustrissimi, ac Excellentissimi Domini Domini FRANCISCI, S. R. I. Comitis de WIESCHNIK, Sac. Cæs. Reg. Majestatis actualis intimi Consiliarii & Cammerarii, Ordinis S. Stephani cruc. maj. supremi regiarum Appellationum Judicii, Finium, Fundationum, Stolæ-Taxæ, Fideicommissorum, Universitatis studiorum, & Censuræ Commissionis Præsidis &c. & Bibliothecariatu Cl. D. Raphaelis Ungar dono offertur; Senatum hocce anno 1783 in prædicta regia urbe Micro-Pragensi hisce constituentibus:
>
> D. *Joanne Carolo Danzer* urbis Primate & h. t. regio Consulatu fungente. D. *Carolo Leiner*. D. *Francisco Mültzner*. D. *Josepho Cronberger*. D. *Joanne Henrico Neübert*. D. *Jacobo Martino Strzecba*. D. *Georgio Aloysio Pellet*. D. *Francisco Greco*. D. *Andrea Fischer*. D. *Wenceslao Ebermann*. D. *Josepho Sourek*. D. *Christophoro Meulder*. D. *Josepho Clemente Caldara*.
>
> Syndicis.
> D. *Francisco Pecher*. D. *Jacobo de Sternek* J. U. D. D. *Joanne Nepom. Scheppl* J. U. D.

Auf dem ersten Blatte des Plinianischen Codex heißt es:

> Vetustum hunc PLINII SECVNDI Codicem ab venerandae memoriae Maioribus suis seculis abhinc quatuor Pragensi Vniuersitati donatum, & ab anno MDCXX. ab se integerrime custoditum, denuo anno MDCCLXXXIII., quo Vir Eximius *Raphael Ungar* munere Bibliothecarii fungebatur, Caesareo-Regiae Bibliothecae Pragensi
> D. D. D.
Senatus Vetero-Pragensis
>
> *Joseph Preinbalder* p. t. Consul. *Joan. Wencesl. Fridrich de Friedenberg* Primas. *Wencesl. Budin. Wencesl. Schgraffer*.

die Heilkunde. Und schon viel eher, nämlich im Jahre 805 scheint Karl der Grosse die Betreibung aller dieser Kenntnisse, sowohl

fer. Joan. Stiepanowsky. Joan. Seitz. Wencesl. Schulz. Joan. Reissmann de Riesenberg. Jos Daussig de Hauenthal, Joan. Hoffmann. Wencesl. Kivs. Joan. Matzura. Franc. Lyskowecz. Jos. Perger. Joan. Hillebrand. Franc. Fischer. Melchior Wittig de *Streitfeld.* Senatores. *Leopold Fischer* Cancellarius. *Franc. Kraus* J. U. D. *Lud. Gayer* de *Ehrenberg* J. U. C. *Thad. Hubalek* J. U. D. Syndici.

Eine ausführlichere Beschreibung dieses schönen Codex werde ich bey einer andern Gelegenheit dem Leser mittheilen. Indessen will ich nur dasjenige anführen, was ich davon in den alten Actis Decanorum Facultatis Philofophicæ Universitatis Pragensis, welches wichtige und interessante Manuscript, wenn sich eine hinlängliche Anzahl Subscribenten finden möchte, ich durch den Druck herauszugeben gesinnt bin, aufgezeichnet finde.

Henrici Curii artium liberalium Magistri Decanatus secundus. Anno a Christo nato 1538. — — Hoc anno ista digna annotatu contigerunt. Primum. Nono Decembris doctissimus Vir D *Philippus Melanthon*, universalis studii Vitebergensis præcipuus Doctor a Rectore & Consilio Academiæ nostræ petiit per literas, ut veteris sui codicis Pliniani usum typographis, opinor Basiliensibus, aliquantisper concederent, & Lipsiam mitterent. Quarum literarum exemplar, quia non tantum doctissime, verum etiam humanissime ad scholam hanc sunt a tanto Viro scriptæ, libuit hic interserere:

Eximia doctrina, & virtute præditis
Magnifico Domino Rectori
& Senatui Academiæ Pragensis.

S. D. *Semper tribui singularem gravitatem genti Boemicæ; ac hujus mei judicii cum alios habeo testes multos, tum vero maxime doctissimis Viris* GELENIO, *& Magistro* HENRICO CVRIENSI *perspectam esse meam mentem arbitror, cum quibus de majorum vestrorum pietate, &*

con-

sowohl den Kathedral- als Klosterschulen empfohlen zu haben. Denn in seinem III. Kapitel spricht er von den Schreibern, daß

> *constantia, qua in defensione veræ sententiæ usi sunt, deque religionis doctrina sæpe prolixe collocutus sum. Itaque cum essem a vobis petiturus officium, quod ad rem literariam pertinet, sperabam vos pro vestra gravitate & virtute, non defuturos communi utilitati, præsertim cum vos, qui ad patrios mores eruditionem adjunxistis, magis etiam deceat favere publicis studiis. Exponam igitur breviter, quid petam. Toties jam editus est liber* PLINII *de* natura rerum, *seu ut alii titulum addunt,* naturalis historiæ. *Nec infeliciter multorum doctorum lima, atque animadversione detersæ sunt in eo autore plurimæ mendæ. Ut autem nitidior possit edi, conquirunt undique typographi vetusta exemplaria. Qui cum audierint in Bibliotheca Academiæ vestræ* Codicem Plinianum *perveterem esse manuscriptum, precario aliquantisper uti illo cupiunt, optima fide vobis reddituri. Quare vos etiam, atque etiam rogo, ut ejus codicis usum nobis aliquantisper concedatis, ac* PLINIVM *his proximis Lipsicis nundinis Lipsiam ad virum doctissimum Magistrum* CASPARVM BORNERVM *professorem Academiæ ejus urbis mittatis. Non leviter merentur de re literaria, qui adjuvant editionem* PLINII. *Cum enim magnam naturæ partem complexus sit, animantia, plantas, metalla, multiplicem doctrinam continet. Nec profecto unus autor extat ullus, apud Græcos, & Latinos, locupletior. Equidem illum legens in plantis, videor mihi non tantum in horto aliquo amœnissimo versari, sed intueor animo totam naturam, ac admiror illam infinitam varietatem opificii, rerum* συμπαθείας *utilitates, quarum cogitatio me de opificis sapientia, & de providentia admonet. Nec dubito, quin similem voluptatem ex Pliniana lectione plurimi capiant. Sed utilitas*

daß sie nicht fehlerhaft schreiben; dann daß jeder Bischof, oder Abt seinen Notar haben soll. Im IV. von den

ingens, multis aliis scriptoribus lumen adfert, certe, nec ARISTOTELEM, *nec* GALENVM, *nec* DIOSCORIDEN *sine* PLINIO *intelligere possemus. Hic enim appellationes rerum, & descriptiones in latinam linguam transfudit, nec aliunde eas mutuari possumus. Quare magnopere vos oro, ne deesse nobis officium vestrum in juvanda editione* PLINII *patiamini. Olim civica corona donabatur, si quis servasset in acie civem. At major laus est tot bonos autores simul servare* PLINIO *restituto. Multumque omnes docti se debere vobis judicabunt, & universum nomen Boemicum propter hoc beneficium vestrum magis amabunt, quod quidem praedicabimus in praefationibus summa cum gratitudine, ut cum optimo autore laudes vestrae conjungantur. Quaeso autem, ut per hunc tabellarium mihi significetis, quae de* PLINIO *mittendo spes facienda sit Typographis. Ego polliceor eos optima fide codicem reddituros esse. Bene & feliciter valete, & meas literas boni consulite. Witebergae die* 9 *Decembris* 1538.

Philippus Melanthon.

Ad hæc vota D. PHILIPPI cum consensu Senatus antiquæ urbis Pragensis, nam ex eorum Bibliotheca dicitur esse, certis conditionibus, missus est hic PLINIUS Lipsiam, & post spatium unius anni sine detrimento huic scholæ est redditus.

Aus diesem erhellet, daß dieses der nämliche Codex sey, welchen der altstädter Magistrat in dem XIV. Jahrhunderte der neuerrichteten Prager Universität geschenket; der von selber mit Einwilligung des Magistrats auf die Fürbitte Philipp Melanthons den Basler Buchdruckern geliehen worden, den der altstädter Magistrat im Jahre 1620, in welchem die Universitätsgüter, und öffentliche Bibliothek von den Jesuiten sind erobert worden, zurückgenommen, und endlich itzt, da die Wissenschaften bey uns wieder zu blühen anfangen, und die prächtigste

den übrigen Wissenschaften, daß sie nach der Vorschrift gelehret werden. Im V. von der Rechnung, daß sie ein jeder ächt erlerne; dann von der Heilkunde: daß man Kinder, um sie zu erlernen, in die Schule schicke (77). Indessen geben mir die Erzählungen mehrerer Geschichtschreiber Gründe an die Hand zu behaupten: daß alle diese Wissenschaften nur in den Kathedralschulen, und in jenen der wichtigern und reichern Klöster behandelt worden; in den übrigen schränkte man sich bloß auf die nöthigsten ein: als nebst dem Lesen und Schreiben, auf die Rechenkunst, Musik, und Sprach-

tigste, und zahlreicheste öffentliche Bibliothek wieder hergestellet worden ist, zurückgegeben worden. Möchten doch diesem nachahmungswürdigsten Beyspiele auch andere Stadtmagistrate folgen, und die alten Bücher, welche in ihren Archiven, oder auch öfters nur in finstern unzugänglichen, von Ratten, und Mäusen bewohnten Gewölbern verderben, oder wenigstens ohne allem Nutzen unbrauchbar begraben liegen, in die k. k. Bibliothek senden, die zu jedermanns Gebrauche täglich vier Stunden offen stehet, und die von unserer unsterblichen Theresia, und unserm grossen Joseph nur deswegen errichtet wurde, damit in unserm Vaterlande die Aufklärung und Wissenschaften verbreitet, und brauchbare Bürger des Staats gebildet würden. Wenn es einmal die Umstände zulassen werden, und ich bey meinen häufigen Arbeiten so viel Zeit gewinnen kann, die systematischen Katalogen unserer Bibliothek mit kurzen literärischen Anmerkungen dem Publikum durch den Druck mitzutheilen; dann werde ich die Namen der bievern Patrioten dankbar nennen, die dem herrlichen Beyspiele der gräfl. Kinskyschen Familie in etwas nachgefolget sind; und zur Vermehrung unserer Bibliothek etwas beygetragen haben.

(77) Capitul. III de scribis, quod vitiose non scribant. Ut unusquisque Episcopus & Abbas suum Notarium habeat. IV. de ceteris disciplinis ecclesiæ, ut secundum canonem vel regulam fiant. V. de compoto,, ut veraciter discant omnes. De medicinali arte, ut infantes hanc discere mittantur. Apud *Baluz*. Tom. I. Capit. Franc. col. 421.

Sprachlehre, der man vielleicht soviel Ausdehnung gab, daß man verschiedenes darunter begriff, was itzt in den niedern lateinischen Schulen gelehret wird. Ich werde besser unten Beyspiele anführen, daß selbst in unserm Böhmen die Mönche die Kathedralschule zu Prag besucht haben, um die Dialektik und Naturlehre auf derselben zu erlernen. So wie sie das weltliche und Kirchenrecht, die Auslegung der heiligen Schrift, und andere theologische Wissenschaften ausser dem Vaterlande, auf den hohen Schulen zu Paris, und Bologna zu hören pflegten. Die natürlichste Folge aus allem diesem ist wohl, daß auch unsere böhmische Klosterschulen höchstens das waren, was itzt unsere Gymnasien sind.

XI.

Ich will nun aus der Geschichte unseres Vaterlandes von der Kathedralschule zu Prag einige Nachrichten zusammenlesen. Sie wuchs, so wie die übrigen Einrichtungen, die mit dem Bisthume selbst ihren Anfang genommen hatten, nur nach und nach an der Anzahl der Schüler und Lehrer, Verfeinerung, und Ansehen. Wenigstens hatte sie im Jahre 1068 mehrere Lehrer. Denn Kosmas erwähnet derselben ausdrücklich, da er von gewissen Abänderungen unter der Klerisey der Domkirche (78) schreibt, die der Dompropst Markus durch gewisse Klagen der Brüder zu treffen veranlasset worden ist. Doch wir wollen diesen alten Chronisten selbst hören. Es heißt bey ihm: Aber da sowohl durch die Nach-
läßig-

---

(78) Prius enim erant irregulares, & nomine tantum Canonici, inculti, indocti, & in habitu laicali in choro servientes velut acephali, aut bestiales centauri viventes. *Cosmas* ad an. 1063. p. mihi 147.

läßigkeit derjenigen, die dieses Geschäft zu verwalten hatten, als auch auf Veranlassung der Lehrer den Brüdern ihre Präbende oft nicht gereichet worden; und sie ihm (dem Probste) mit ihren Klagen darüber beschwerlich fielen; hat er um sie zu befriedigen den vierten Theil des Zehnden für sich behalten, die andern drey aber unter sie vertheilet (79).

Wir haben im VI. Absaße aus der Schulverordnung des Maynzer Erzbischofs Willigis ersehen: daß es die Pflicht des Schullehrers oder Scholastikus gewesen, die Schüler der Kirche von seinen Präbenden mit Kost und Kleidung zu versehen (80). Die Einkünfte dieser Präbenden nun theilte Markus in vier Theile, von welchen er nur einen für sich behielt; die andern drey aber den Brüdern überließ. Was aber aus dieser Stelle sonst klar erhellet, ist die Mehrheit der Lehrer an der Prager Schule; ob wir schon von ihrer eigentlichen Zahl, und von dem Lehrfache eines jeden nichts sagen können. Muthmaßen ließe sich wohl, daß da, dem zufolge, was ich im V. und VI. Absaße beygebracht, die Prager Schule, gleich von der Stiftung des Bisthums an, einen und den andern Lehrer der lateinischen Sprache gehabt hat; sie zu

D den

---

(79) Sed cum sæpe aut negligentia ministrorum, aut occasione aliqua Magistrorum, intermitteretur fratrum præbenda, & inde sæpe fratres eum affligerent sua querimonia, volens placere eis per omnia, decimationis illorum quartam partem sibi adscribens, tres inter fratres dividit. *Cosmas* ad annum 1068.

(80) Scholares Canonici a Magistro de præbendis suis victum, & vestitum accipiant.

den Zeiten des Probst Markus auch Lehrer der Dialektik, und vielleicht auch einen, der die Naturlehre vortrug, gezählet hat. Kosmas schreibt beym Jahre 1074 von sich: daß er als Knabe, aber doch schon als Kleriker, sich in der Prager Schule befunden; und in der Kirche in der Gruft des heiligen Kosmas und Damians die Psalmen wiederholet habe (81). Aus einer andern Stelle seiner Schriften sehen wir, daß er später zu Lüttich unter Franko die Sprachlehre und Dialektik begriefen habe. (82) Er macht hier keine Erwähnung der Naturlehre. Ob er diese nun nicht auch in Prag gehöret? wo wenigstens den Dokumenten des nächsten Jahrhunderts zufolge ein besonderer Lehrer aufgestellet war, der über die physischen Bücher des Aristoteles las. Auf der andern Seite ist es, wie wir besser unten sehen werden, gewiß: daß die Gottesgelehrheit an der Prager Kathedralschule nicht eher als mit Errichtung des Erzbisthums, das ist: im Jahre 1349 ihren eigenen Lehrstuhl bekommen hat. Dieses ist alles, was ich von den Prager Schulen aus dem XI. Jahrhunderte mit einigem Grunde sagen kann.

XII.

Von diesem vom Kosmas bemerkten Zeitpunkte herrscht in allen Chronisten von der Prager Schule ein allgemeines Stillschweigen bis auf das Jahr 1248; bey welchem sowohl der

(81) Nobis adhuc positis in scholis ... Quadam ergo die, dum psalmiculos ruminarem, stans in crypta sanctorum Martyrum Cosmæ & Damiani. *Cosmas* ad an. 1074 pag. 161.

(82) O si mihi jam Octogenario præteritos Deus referat annos, quibus olim Leodii sub *Francone* Magistro tum Grammaticæ, tum Dialecticæ artis in viretis pratis mecum lusisti satis *Cosmas* ad an. 1125 pag. 277.

der Fortſetzer des Kosmas, als Neplacho uns von dem traurigen Schickſale derſelben mit folgenden Worten Nachricht giebt: Die Prager Schule gehet zu Grunde (83). Worunter wohl beyde Chroniſten nichts anders verſtehen können, als daß, da ſich die Schüler zerſtreuet, die Lehrer zu leſen aufgehöret haben. Wozu eines der unglücklichſten Eräugniſſe, das unſer Vaterland in dieſem Jahre betroffen, die ganz natürliche Veranlaſſung gegeben hat. Dieſes war der unnatürliche Aufruhr, den der nachmalige ſo berühmte König Przemiſl Ottokar wider ſeinen Vater König Wenzeln I. erreget hat. Er hatte die boshafte Abſicht ſeinen königlichen Vater vom Throne zu ſtoſſen (84), die er ſchon dadurch genugſam verrieth, daß er verwegen genug war, ſich in Sigillen und Schriften einen jungen König von Böhmen zu nennen (85). Nun hatte der Prager Biſchof Niklas, ſo wie viele Groſſe des Königreichs an dieſem Hochverrathe des Sohns wider den Vater Antheil genommen, wie das ſelbſt die itzt noch vorhandene Bulle Innocenzens IV. auſſer Zweifel ſetzet. Nachdem aber Przemiſl bey Brüx aus dem Felde geſchlagen, und dadurch gezwungen worden, die Gnade ſeines königlichen Vaters anzuflehen; glaubte der ſiegende König, daß er ein Recht habe, rebelliſche Unterthanen ohne Unterſchied

---

(83) Studium Pragæ perit. *Contin. Cosmæ* ad an. 1248 p. 373 *Neplach.* Chronicon bey Dobner Tom. IV. Monum. p. 111.

(84) Siehe die Erzählung des Domhern Franz Lib. I. cap. 1. p. 18 ſeq. T. II. ſcript. rer. Boh

(85) Eine genaue Abzeichnung eines ſolchen Sigills hat uns Dobner in ſeinen gelehrten Beobachtungen über die Abänderung des böhmiſchen Wappenſchildes geliefert. Die Umſchrift lautet: PRZEMISL DEI GRACIA IVVENIS REX BOEMORVM. Siehe den IV. Theil der Abhandl. einer Privatgeſellſchaft S. 230.

schied des Standes zu bestrafen, und ließ Bischof Niklasen gefangen setzen, der aber dafür das Königreich mit dem Kirchenbanne belegte, wie das bey dem oben erwähnten Neplacho zu lesen ist. Unter diesen Kriegsunruhen nun ward nicht allein der in der kleinern Stadt Prag gelegene bischöfliche Pallast in die Asche gelegt, sondern auch nach dem Zeugnisse des Fortsetzers des Kosmas, alle diejenigen, die dem Dienste der Prager Kirche gewidmet waren, zerstreuet. Wer kann also noch zweifeln, daß eben dieses Schicksal die Lehrer und Lernende an der Kathedralschule betroffen habe? Indessen fieng diese Schule nach hergestellter Ruhe bald wieder an zu blühen. Wenigstens machte der im Jahre 1259 verstorbene Prager Domherr Eberhard eine Stiftung, die dieses voraussetzen läßt. Sie betraf zwölf Schulknaben, denen man den Namen Bonifanti gab. Der Fortsetzer des Kosmas schreibt davon also: In dem Dorfe, das in der gemeinen Sprache den Namen: Welikawes führet, hat der Prager Domherr Eberhard, glücklichen Gedächtnisses, gewisse Einkünfte an sich gebracht, und sie zum Besten seiner Seele angewendet; indem er sie für die Prager Kirche bestimmte, um zwölf Schulknaben davon zu ernähren, und zu kleiden; die Bonifanti, oder: gute Knaben heissen, und die Verbindung haben sollten, der erwähnten Kirche durch Lesen und Absingen der Psalmen zu dienen (86). Balbin berichtet uns: daß er in alten Handschrif-

---

(86) In villa, quæ vulgariter dicitur Velikawes, in qua *Ebrhardus* felicis memoriæ Canonicus Pragensis comparavit quædam bona pro remedio animæ suæ, & assignavit ecclesiæ Pragensi pro enutriendis & vestiendis XII. scolaribus, qui *Bonifanti*, sive

schriften nicht nur die geistreichesten Anreden, die an diese Knaben gehalten worden; sondern auch die ihnen vorgeschriebenen Lebensregeln gefunden habe; in welchen es unter andern fest gesetzet gewesen seyn soll: daß Niemand unter sie aufgenommen werden dürfte, der nicht das zehente Jahr erreichet hätte (87). Ein Alter, in dem sie eben geschickt waren, die grammatischen Schulen zu betreten.

XIII.

sive boni pueri appellantur, qui continue tenentur in ecclesia memorata deservire in cantu, legenda, & psalmodia. *Cont. Cosmae* ad an. 1271 Tom. I. script. rer. Boh. p. 415.

(87) *Balbin.* in Epit. L. 3. c. 15. p. 273. 274. *Peßina* Phosph. sept. p. 682. sagt: ihre Pflicht wäre gewesen: die Tagzeiten der Mutter Gottes an gewissen Tagen in der Kirche zu singen, und in Prozeßionen die Fahnen vorzutragen. Eben da ich dieses schreibe, erhalte ich durch die Güte des um die böhmische Literatur bestens verdienten hochw. Hrn. Kanonikus Warlich von Bubna, dessen Fleiße wir die Herstellung und Einrichtung der Metropolitanbibliothek zu verdanken haben, einen alten auf Pergament geschriebenen Codex, in welchem folgende Lebensregel vorkömmt:

Incipit Regula Boninfantorum. Omnes de communi, & in communi vivant. Horas beate Marie virginis simul dicant. Maiores horas in choro cum conventu decantent. Diebus dominicis & festiuibus tria fercula habeant. Aliis vero duobus (contententur), panem & cerevisiam in habundantia. Ante prandium & cenam benedictionem, post prandium & cenam gratias agant. Simul & in silencio nisi submisse comedant, & leccionem habeant. Pro benefactoribus vivis & defunctis duos psalmos dicant, scilicet: *Ad te levavi*, & *De profundis*, & extunc per totam noctem silencium teneant, nisi rationabili causa. Extra domum sine licencia Magistri non exeant, & cum exierint, socium, quem eis magister assignaverit, accipiant. Si necessitas compulerit, illi, quos Magister elegerit, panem querant. Si se percusserint invicem ita, quod in canonem late sentencie inciderint, expellantur quousque sint absoluti. Soli jaceant, cappas griseas habeant, ceteras vestes superpellicea & bottos. Nullus reci-

XIII.

Die glorreiche Regierung König Ottokars II. trug in der Folge zu dem Flore der Prager Schulen nicht wenig bey. Prag ward nun für die Hauptstadt nicht von Böhmen und Mähren allein, sondern auch von Oesterreich, Steyermark, und Krain, welche Länder dieser grosse König an seine Krone gebracht hatte, angesehen. Die Bewohner dieser Länder liessen also ihre Jugend grossentheils in Prag erziehen. Hiezu kam noch der Ruf der Prager Lehrer, der selbst Unterthanen fremder Fürsten, als Bayern und Pohlen häufig herbeyzog. Auch die vielen Kriege, die dieser tapfere Fürst meistens glücklich geführet hat, und die mehr die Ruhe der benachbarten, als

sei-

recipiatur, qui habeat, unde alias fustententur, nifi ea, que habuerint, velit aliis communicare. Vltra fedecim annos nullus recipiatur, ne maioribus cum minoribus fub difciplina vivere dedignentur. Et quia *boni pueri* vocantur, antequam omnino recipiantur, mores eorum per menfem cum pueris examinentur. Item recipiendi habitum & lectum habeant, nec Magifter, nec pueri aliquem recipiant, nifi de confilio proborum & familiarium fuorum. Magifter vel aliquis Religiofus capitulum femel in ebdomada teneat. Omnes diligenter ftudeant. Cantum & lectiones cordetenus affirment. Omnes *Latinum loquantur*. Cetera, que ad ftudium pertinent, difcretioni & fidelitati Magiftri relinquantur. Nullus accufet alium caufa vindicte, fed ex fraterna correctione & amore. Quicunque fine licencia Magiftri recefferit, iterum nullo modo recipiatur, nifi cum bona emenda. Mulieres domum eorum non ingrediantur. Omnes in predictis conftitutionibus Magiftro obediant fine dolo, & fi quis incorrigibilis & rebellis fuerit, de confortio bonorum illico repellatur. Nullus Vicariorum in collegium eorum affumatur, & fi quis eorum Vicariam acceperit, ipfa fit contentus, revertendi ad bonos pueros aditu penitus interdicto Hec conftitutio facerdotes inter ipfos commorari penitus interdicit. Vt autem mores & actus eorum in melius reformentur he conftitutiones coram ipfis per fingula Sabbata legantur, ne aliquis per oblivionem fe excufet.

seiner Länder gestöret, mögen hiezu beygetragen haben. Im übrigen finden wir von dem damaligen blühenden Zustande der Prager Schule mehr Nachrichten in auswärtigen, als in einheimischen Geschichtschreibern. Zween berühmte Ordensmänner Volkmar ein Cisterzienser, und Engelbrecht ein Benediktiner, von denen der erste zu Fürstenfeld in Bayern, der zweyte zu Admont in Steyermark die Würde eines Abtens davon trug, und die beyden sich in der gelehrten Welt durch Schriften bekannt gemacht haben (88), haben es selbst gestanden, daß sie in der Prager Schule den Wissenschaften obgelegen. Zwar sagt Volkmar nur ganz kurz: er wäre gerade in dem Jahre zu Prag ein Schüler gewesen, als König Ottokar II. in der Schlacht wider Kaiser Rudolpfen geblieben (89). Dafür läßt sich aber Engelbrecht in einem Briefe über seine Studien und Schriften etwas weitläuftiger also aus: Im Jahre 1271 begab ich mich nach der Prager Schule, wo ich unter den beyden Lehrern: Osko und Bohemil auf dem Prager Schlosse, der Grammatik und Logik mit einem solchen Fortgange oblag, daß ich unter meinen Mitschülern nicht vor den geringsten angesehen ward.

(88) Siehe von Volkmarn *Visch.* Biblioth. Cist. p. 333. *Fabric.* Bibl. med. & inf. ætat. Lib. XX. p. 305 edit. Patav und vor allen andern *Oefel.* script. rer. Boic. Tom. II. in Monito prævio ad *Volcmari* Chronicon p. 524 seqq. Von Engelbrechten *Oudin.* de script. Eccl. Tom. III. col. 555; *Cave* hist. lit. edit. Oxon. p. 341; *Fabric.* Lib. V. p. 97; vorzüglich aber *Bernard.* Pez in dissert. Isagog. in Tom. I. Anecdot. p LXI. seqq. Daß beyde, als sie zu Prag studierten, schon Mönche waren, behauptet von Volkmarn Oefele S. 525, und von Engelbrechten Bernard Pez S. LXI.

(89) *Volcmari* Chronic. apud *Oefel.* Tom. II. p. 532.

ward. Und damal hörte ich allda von dem M. Gregorius, der damals Domherr und Scholastikus der Prager Kirche gewesen, und nachmals eben da Bischof geworden ist, die Bücher des Aristoteles über die Natur zum erstenmal erklären. Und als nachmals, nach gehaltenem Kirchenrathe zu Lion, der Ruf nach Prag sich verbreitete; daß König Rudolph erwählet, und von dem Pabste bestätiget worden, (im Jahre 1274) mußten wir Schüler, die wir aus Oesterreich und Steyermark waren, sogleich alle Prag verlassen (90). Und dieses wohl nur aus der Ursache; weil Rudolph gleich bey seiner Besteigung des Kaiserthrons: Oesterreich, Steyermark und Krain für dem Reiche heimgefallene Lehne erkläret, und als solche mit allem Ernste zurückgefordert hat. Indessen blieben bey dieser Entvölkerung der Prager Schule, durch die Schüler der drey erwähnten Nazionen, doch noch die übrigen Fremdlinge zurück; wie hier das oben angeführte Zeugniß Volkmars, von sich selbst, keinen Zweifel läßt.

XIV.

(90) Anno Domini 1271 transtuleram me ad studium versus Pragam, ubi per illud tempus sub Magistro *Oscono*, & Magistro *Bohemio* in Castro Pragensi legentibus Grammaticam, & Logicam studui, & profeci in tantum, quod inter socios non fui minimus reputatus. Et ibidem tunc etiam primo audivi libros naturales a Magistro *Gregorio* tunc Canonico & Scholastico Pragensi, postmodum facto episcopo ibidem. Et cum celebrato concilio Lugdunensi rumor publicus venisset Pragam de Rege *Rudolpho* electo, & per Apostolicum confirmato (anno 1274); statim oportebat nos omnes scholares de Austria & Styria Pragæ studentes de terra recedere & exire. *Engelbert.* in Epist. de stud. & scriptis suis apud *Bern. Pezium* Tom. I. Anecd. P. I. col. 429.

XIV.

Es wird der Mühe lohnen das Zeugniß des Admonter Abtens Engelbrecht in etwas aus einander zu setzen. Vielleicht können wir uns daraus von der Einrichtung der Prager Schule den sichersten Begriff machen. Es ist gewiß, daß dieser Mann unsern vaterländischen Schulen im Auslande viel Ehre gemacht habe; so wie er sich selbst durch seine Schriften (91) einen unsterblichen Ruhm erwarb, der auf seine Prager Lehrer zurück fiel. Vor allen ist es wohl merkwürdig, daß, da seine Zeitgenossen, über seine Gelehrsamkeit erstaunt, von ihm die Mittel zu wissen verlangten eine ähnliche zu erwerben; er ihnen eine, in seiner eigenen Erfahrung gegründete (92), Methode anwieß, die man auch itzt von einem entschiedenen Kenner erwarten könnte. Er empfahl ihnen vor allen Ordnung in einem jedem Lehrfache; so daß die ersten Gründe immer vorausgeschickt, und die daraus zubeweisenden Wahrheiten aus ihnen her-

ge=

(91) Das Verzeichniß seiner Schriften hat er uns größtentheils selbst in dem gleich angeführten Briefe über seine Studien und Schriften hinterlassen. Pez, der einige derselben in Thesaur. Anecd. und Biblioth. Ascet. herausgegeben hat, zeigt uns die übrigen an in Dissert. Isagog. in Tom I. Anecd. Nach seiner Rückkehr in sein Kloster Admont schrieb Engelbrecht auf Verlangen Bischof Johanns von Chiemse, der König Rudolphs Kanzler war, das erste Werkchen, von der Wahl dieses Fürsten. Es fängt an: Slavica qui tumidi confregit cornua sceptri. Cave, Oudin a. a. OO. und Clearius Tom. I. Biblioth. script. Ecclef. behaupten irrig, daß dieses Gedicht in den meisten Collectionibus Historicor. Germanic. erschienen sey. Ich habe es bey aller angewandten Mühe noch in keiner einzigen finden können.

(92) Quod in me ipso ad meum profectum a principio sum expertus. *Engelbert.* in Epist. de stud. & script. suis col. 421.

geleitet würden. Dann verbat er mehrere Wissenschaften auf einmal zu erlernen, und rieth ihnen mit Seneka sich mit einer jeden durch einige Zeit allein abzugeben. Endlich nichts, was sie angefangen hätten, unvollendet zu lassen (93). Vermuthlich wird Engelbrecht alles das an der Prager Schule üben gesehen haben? Von der Zahl der Lehrer und der Gegenstände können wir aus seinem Zeugnisse uns mit mehr Gewißheit unterrichten. Denn man sieht ganz klar: daß die Sprachkunde, oder das, was man itzt in den grammatischen Klassen bearbeitet, die Logik, und Physik, oder Naturlehre nach Aristoteles an der Kathedralschule gelehret worden; und ein jedes Fach seinen Lehrer gehabt, unter welchen jener der Physik ein Domherr war. Die übrigen zween (wenn ihrer nicht mehr waren) scheinen ebenfalls von der Klerisey gewesen zu seyn. Ich sagte, wenn ihrer nicht mehr waren. Denn es ist nicht gläublich: daß Osko in dem weitläuftigen grammatischen Fache, vorzüglich wenn man auch die Tonmessung und die Kunst lateinische Verse zu verfertigen, dazurechnet, keinen Gehülfen gehabt; welches die grosse Anzahl der Schüler um so nothwendiger machte. Indessen kann es immer wahr seyn: daß Engelbrechts Lehrer in diesem Fache Osko allein war, wenn man nur annimmt: daß die Schüler der Grammatik in Kurse eingetheilet waren, deren jeder seinen Lehrer alle Jahre hindurch behielt. Einige meiner Landsleute glauben, daß die schleunige Entfernung Engelbrechts aus Böhmen, für die vaterländische Literärgeschichte nachtheilig gewesen; denn bey einem längern Aufenthalte hätte er uns wohl auch von dem Zustande der theologischen Studien

(93) Ibid.

dien an der Prager Kathedralschule Nachrichten hinterlassen. Aber wie schwer ist es zu beweisen: daß damals in Prag auch über die Theologie gelesen worden? wie ausgemacht scheint nicht vielmehr das Gegentheil zu seyn? da die theologische Lehrkanzel in jenen Zeiten nur eine Zierde der Generalstudien, wie man damals die Universitäten nannte, oder wenigstens nach der Anordnung Innocenz des III. nur jener Kathedralschulen war, die sich an Metropolitankirchen befanden (94). Daß erst im Jahre 1349 das ist: 75 Jahre nach Engelbrechts Entfernung vom Erzbischof Arnesten und seinen beyden Brüdern Bohuß und Smilo der erste theologische Lehrstuhl an der Prager Kirche gestiftet worden, wird der am Ende anzuführende Stiftungsbrief klar an Tag legen. Es ist wahr der Fortsetzer des Kosmas macht schon im Jahre 1271 eines Generalstudiums Erwähnung. Denn, indem er von dem Tode des Domdechants Veit redet, sagt er: dieser Mann unterstützte nicht nur die zum Dienst der Prager Kirche bestimmten Schüler, sondern auch jenen, die sich am Generalstudium befanden, stand er nach Maaß seines Vermögens und guten Herzens bey, wie es von so vielen bekannt worden ist (95); aber er drückt nicht aus, daß dieses Generalstudium zu Prag gewesen sey; und Veit konnte diejenigen, welche auf auswärtigen Universitäten studierten, durch seine Freygebigkeit unterstützen. Dieses wollte wahr-

(94) Decret. Gregor. VII. L. V. Tit. V. cap. 4.

(95) Hic vir non tantum Scolaribus pragensi ecclesiæ deservientibus subveniebat, verum etiam in generali studio existentibus pro possibilitate suarum facultatum affectuose, ut in plurimis patuit, providebat. *Contin. Cosmæ* T. I. script. rer. Boh. p. 413.

wahrscheinlich der Fortsetzer des Kosmas sagen, indem er die in generali studio existentes den Scholaribus Pragensi ecclesiae deservientibus entgegen setzt. Oder wenn er doch von einem Generalstudium in Prag reden sollte, so verstehet er ganz gewiß ein so genanntes *Studium generale minus*, in welchem nebst der Grammatik, die Logik und die Naturlehre nach dem Aristoteles vorgetragen worden, da hingegen ein grösseres Generalstudium (studium generale majus) auch noch theologische Lehrkanzeln, und jene des weltlichen und geistlichen Rechts hatte: vorzüglich aber von einem kleinern Generalstudium sich dadurch unterschied: daß auf denselben nur allein die Würden eines Meisters der freyen Künste, und eines Doktors des kanonischen Rechts ertheilet werden konnten. Aus diesem Grunde bedienet sich der oft angeführte Engelbrecht von der hohen Schule zu Padua des Ausdrucks: magnum studium generale, den er von der Prager Kathedralschule nie gebraucht hatte. Und Klemens IV. sagt in der Bestätigungsbulle der Prager Universität ausdrücklich: daß in dieser Hauptstadt bis itzt nur ein so genanntes studium particulare gewesen ist (96).

XV.

Die Prager Kirche hatte also schon im XI. Jahrhunderte, ein von den Skribenten der mittlern Zeiten, so benanntes kleineres Generalstudium (studium generale minus), welches vor den meisten Kirchenschulen das voraus hatte, daß eigene Lehrer der Logik und Naturlehre dabey angestellet waren.

---

(96) Cum particulare dudum in ea (metropolitana Pragensi civitate) fuerit studium. Bulla *Clemens*. VI. apud *Balbin*. Boh. doct. P. I. p. 9.

ren. Aber nichts weniger als ein grösseres Generalstudium (studium generale majus), denn es hatte keinen theologischen Lehrstuhl. Diese Wissenschaft fieng man erst an der Prager Kirche ein Jahr später an zu lehren, als an der neuen Univerſität, welche im Jahre 1348 vom Karl IV. mit allen Lehrſtühlen der höhern Wiſſenſchaften und mit dem gewöhnlichen Vorrechte, die akademiſchen Würden in den freyen Künſten ſowohl, als im kanoniſchen Rechte zu ertheilen geſtiftet worden iſt. Vor dieſem Zeitpunkte blieb unſern Landsleuten, die Vorleſungen ſowohl über die heilige Schrift und Theologie, als auch über die geiſtlichen und weltlichen Rechte zu hören, ſo wie akademiſche Würden zu erlangen wünſchten, nichts übrig, als beydes entweder zu Paris, oder zu Bononien, oder zu Padua zu ſuchen, was ſie auch häufig thaten. Denn um aus vielen Beyſpielen nur einige anzuführen, ſo leſen wir in dem Chroniſten von Selau von dem Prager Biſchof Daniel I. die klaren Worte: als er zu Paris ſtudierte; und von Heinrich Brzetiſlaw, der Biſchof zu Prag, und Herzog in Böhmen zugleich war, die Stelle: Heinrich ein Sohn Heinrichs des Bruders König Wladiſlaws, der jüngſt von Paris zurückgekommen war (97). Auch trugen auf dieſer hohen Schule Hermann von Wartenberg, nachmaliger Probſt zu Bunzlau, im XIII. Jahrhunderte (98), und der Scholaſtikus der Prager Kirche Johann von Pabieniz zu Anfang des vierzehnten, die Würde eines Doktors des kanoniſchen Rechtes davon (99). *Albertus de Bohemia,*

ſonſt

(97) *Chronographus Silesensis* apud *Dobner.* Tom. I. Monum. pag. 80, & 94.
(98) *Balbin.* Epit. p. 196.
(99) *Bergbauer* Proto-M. Pœnit. p. 189.

sonst auch *de alto Castro* (von Wischehrad, wo er vermuthlich Domherr war) Kaiser Karls des IV. Hofkaplan studierte zu Paris, und ward daselbst im Jahre 1349 zum Prokurator der Engländischen Nation, im Jahre 1355 aber zum Rektor der Pariser Universität erwählet (100). Von dem ersten Prager Erzbischof Arnest aber belehret uns Balbin, aus einer alten geschriebenen Biographie desselben, daß er den ersten grammatischen Unterricht zu Glatz von den Rhodisern, den weitern aber von den Benediktinern zu Braunau empfangen; von dannen er sich erst nach Prag, und dann auf die hohe Schule zu Bononien begeben habe (101). Und Beneß von Weitmil rechnet es diesem in der That grossen Prälaten zum vorzüglichen Verdienste an, daß ihn nicht, wie andere, jene Wissenschaft stolz gemacht, die er sich auf den beyden hohen Schulen von Bononien und Padua Zeit seines dortigen vierzehnjährigen Aufenthalts erworben hat, wo er auch Lizentiat des geistlichen Rechts geworden ist (102). Vermuthlich bewog Arnesten auch der Fortgang, den er auf diesen zwo Wälschen Universitäten gemacht hatte, andern einen gleichen Vortheil zu ver-

(100) Electus fuit concorditer ab omnibus Magistris ejusdem nationis *M Albertus Bohemus de Praga* familiaris clericus serenissimi Principis & D. D. *Caroli* Rom. Regis, semper Augusti, & Bohemiæ Regis, in procuratorem nationis superius nominatæ. Idem 10 Octob. 1355 Rector Universitatis creatus. *Egass. Bulæi* Hist. univers. Paris. Tom. IV. p. 948.

(101) Balbin. in vita Arnesti p. 59.

(102) Et quamquam ipse in Jure Canonico in Bononiensi studio, in quo, & Paduano, tanquam studens, per XIIII. annos inuorum continuans, Licentiarii promeruit, tamen cor ipsius ipsa scientia, ut plerosque suevit, elatione aliqua non inflavit. *Benessius* de *Weitmil* Tom. II. scriptor. rer. Boh. p. 374.

verschaffen; den er unterhielt, bezeiget abermal Beneß, sowohl zu Bononien und Padua arme Kleriker, versah sie mit Büchern, Kost, Kleidung, und endlich auch mit Pfründen (103). Wie ihn dann eben dieser Chronist, als einen Freund armer und wohlverhaltener Studierenden von der Klerisey schildert, und ihm das Lob ertheilet, daß er sie in der Beförderung zu Pfründen selbst seinen Anverwandten vorgezogen habe (104). Ich kann mich nicht enthalten, weil ich Benessen gerade vor mir habe, noch ein paar Züge aus ihm zu entlehnen, die Arnesten als einen Beförderer der Gelehrsamkeit zeigen. Er hatte aus verschiedenen Ländern Bücher herbeygeschafft, liesse sie abschreiben, wie er dann zween bis drey Schreiber immer bey der Hand hatte, die mit dieser Arbeit täglich beschäftigt waren (105). Diese Bücher, unter ihnen freylich auch Missäle u. d. gl., ließ er den Klöstern und Kirchen nach ihrer Bedürfnisse austheilen (106); auch die durch das Alter beschä-

(103) Hic (*Arnestus*) multos in studiis, Bononiensi, Paduano, & aliis, tenuit Clericos pauperes, quibus de libris, vestitu & sumptibus, & demum de Beneficiis providebat. *Idem* p. 378.

(104) Fuit etiam, ut prædixi, studiosorum, & virtuosorum pauperum Clericorum maximus adamator, quos etiam in promotione beneficiorum suis propriis consanguineis præterebat. *Idem* p. 381.

(105) Multos etiam libros & extraneos a notitia multorum hominum, hic scribi fecit, & de aliis mundi partibus apportavit, habens tres continue vel duos ad manus cartularios, qui libros, etiam Missales, & Missarum Canones præter (alios) cottidie conscribebant, quos Monasteriis & Ecclesiis, ac aliis piis locis, prout quosque cognoverat indigere, dispensavit. *Idem* p. 379.

(106) Hiq omnes libros Pragensis sacristiæ, nimia vetustate consum-

schädigten Bücher der Prager Sakristey ließ er ausbessern. Die Chorbücher aber in vielen Bänden mit grossem eigenen Aufwande doppelt abschreiben; so daß die Prager Kirche nie mit schönern Büchern versehen gewesen; andere bestimmte er für den neuen Lehrstuhl der heiligen Schrift. Doch ich muß von dieser, dem Leser, wie ich mir schmeichle, nicht unangenehmen Ausschweifung zu meinem Stoffe zurückkehren. Auch Neplacho Abt zu Oppatowitz schreibt beym Jahre 1340 von sich selbst: in eben diesem Jahre ward ich Johann Neplach, Abt zu Oppatowitz, von dem ehrwürdigen Vater meinem Herrn Vorfahrer (dieser war Hroznata) nach Bononien auf die hohe Schule gesandt (107). Gewiß war diese Begierde unserer Mitbürger Kenntnisse und akademische Ehren selbst in entfernten Landen zu suchen, und der damit verknüpfte Nachtheil für sie selbst und für das Vaterland Karln dem IV. ein Sporn zur Stiftung der Universität. Wenigstens sagt er das in seinem Stiftungsdiplom mit folgenden Worten: auf daß die getreuen Insassen unseres Königreichs, welche sich nach den Früchten der Wissenschaften unaufhörlich sehnen, nicht gezwungen wären, sie in der Fremde zu erbetteln, sondern einen fertigen Tisch in dem Königreiche selbst fänden, damit sie, von der Natur mit vor-

sumptos ligari & meliorari fecit. Chorales libros, videlicet Gradualia & Antiphonaria, utraque duplicata, in multis voluminibus, pulchriora, quam unquam in ecclesia Pragensi visa fuerant, pro magnis pecuniis personalibus scribi fecit; aliosque pro studio sacrae Scripturae condonavit. *Idem* p. 3*0.

(107) Eodem anno (1340) ego Joannes *Neplach* Abbas in Oppatowiz per V. P. & D Praedecessorem meum (*Hroznatam*) missus sum ad studium Bononiense. Epit. Chron. *Neplach.* apud *Dobner.* Tom. IV. Mon. p. 122.

vortreflichster Anlage begabet, dieselbe auch durch Wissenschaften ausbilden können. So werden sie nicht gezwungen seyn, vielmehr es für überflüßig halten, um Kenntniße zu sammeln, den Erdkreis zu bereisen; und um ihren Hunger nach Gelehrsamkeit zu stillen, bey fremden Völkern zu betteln; sie werden dagegen es für rühmlich halten, durch die Süße des Geruchs der zu Hause erzeugten Früchte die Fremden zu ihrem Genuße einzuladen (108).

XVI.

Fünfzig und mehr Jahre vor der Stiftung der Universität, nämlich im Jahre 1294 wollte schon König Wenzel II. ein so genanntes eigentliches Generalstudium, oder eine hohe Schule zu Prag errichten; aber die Großen des Königreichs wußten ihn von diesem Vorhaben wieder abzubringen. Der Domherr Franz belehret uns hievon nicht ohne bittere Anmerkungen. Um diese Zeit, sagt er, berief der König den Magister Gocz, einen tüchtigen Lehrer sowohl der kanonischen, als bürgerlichen Rechte, in der Absicht geschriebene Gesetze in seinem Königreiche einzuführen. Hierüber

E

(108) Ut fideles nostri regnicolae, qui scientiarum fructus indesinenter esuriunt, per aliena mendicare suffragia non coacti, paratam sibi in regno mensam propinationis inveniant, & quos ingeniorum naturae subtilitas ad consilia reddit conspicuos, literarum scientia faciat eruditos, nec solum compellentur, aut supervacaneum reputent ad investigandas gyrum terrae scientias circuire, nationes expetere peregrinas, aut ut ipsorum aviditatibus satisfiat, in alienis regionibus mendicare: sed gloriosum aestiment extraneos alios ad suavitatem odoris & gratitudinis hujusmodi participium evocare. Apud *Weiss* in Glor. universit. Prag. p. 5.

über wurden einige Edle nicht wenig bestürzet. Sie mußten fürchten, daß das geschriebene Gesetz überhand nehmen, und sie alle die Vortheile verlieren würden, die sie aus der bisherigen Art Gericht zu halten, gezogen haben. Der König verschob wegen ihnen die Ausführung seines Entschlusses. Auch ein Generalstudium wollte er zu Prag errichten, und die Seinigen widerriethen es ihm ebenfalls. Diese Rathgeber waren gar nicht gesinnt, Ruhe und das allgemeine Beste zu befördern, sondern wollten nur das Wachsthum des geistlichen Ansehens verhindern (109). Dann bricht der Eifer des Chronisten in Verse seiner Art aus, in welchen er sich unter andern wundert: warum man den allgemein bekannten bösen Rathgeber und Feind der Klerisey nicht mit Schlägen belohnet. Doch ich will die Verse selbst anführen:

Consilium tale studium revocat generale
Unde (*per quod*) statum Cleri Rex proposuit revereri
Miror, quod mille plagas non percipit ille.

Quem

---

(109) Et illo tempore Rex vocaverat Magistrum *Goczium*, utriusque Juris tam Canonici, quam Civilis ydoneum Professorem, volens instaurare scriptas leges in suo Regno. Quidam autem nobiles hiis auditis non modicum doluerunt, ne vigor scripti juris invalesceret, & ne utilitas aliquorum in judiciis deperiret, unde Rex propter eos distulit facere suum inceptum. Et ipse etiam *generale studium* Pragæ decreverat instaurare, & sui sibi iterum disuaserunt, & hii non intendebant paci principaliter consulere, sed potius clericalis dignitatis profectibus contraire. *Francisc.* Chron. Boh. L. I c. 9. mihi p. 43. Eben dieses bezeuget Pulkawa S. 25; bey Dobner Tom III Monum. Voluit quoque idem Princeps in Praga generale studium instaurare (*instituere*), sed remurmurantes nonnulli reprebi dissuaserunt.

Quem cuncti nostis, Cleri tam publicus hostis,
Qui studii flores, & Cleri tollit honores.

Wessen Schuld es nun immer war; so war der Ruhm Karln dem IV. vorbehalten, Böhmen mit einer hohen Schule zu beschenken. Indessen kann es auffallend scheinen, daß selbst nach der Stiftung derselben, und nach dem auf ihr eingeführten theologischen Studium Erzbischof Arnest an seiner Kathedralkirche eine theologische Lehrkanzel gestiftet habe, die von jener auf der Universität verschieden war. Aber man erinnere sich, daß Innocenz III. auf dem Lateranensischen Kirchenrathe festgesetzet habe: daß eine jede Metropolitankirche ihren theologischen Lehrer haben soll, der den Priestern, und andern von der Klerisey die heilige Schrift auslege, und sie vorzüglich in allem dem unterrichte, was zur Seelsorge gehöret (110). Diese Verordnung des Kirchenraths erhielt dann eine Stelle unter den Dekretalen Pabst Gregors; und ward ein förmliches Kirchengesetze. Diesem wollte der fromme Erzbischof genau nachkommen, und stiftete von seinen und seiner leiblichen Brüder Einkünften einen theologischen Lehrstuhl, an dem es der nun zur Metropolitankirche erhobenen Prager Kirche bis itzt gefehlet hatte. Man höre ihn selbst in dem Stiftungsbriefe: Wir geben, sagt er, durch Gegenwärtiges jedermann

---

(110) Sane Metropolis Ecclesia Theologum nihilominus habeat, qui sacerdotes & alios in sacra pagina doceat, & in his praesertim informet, quae ad curam animarum spectare noscuntur. Decret. Gregor. VII. L. V Tit. V. Cap. IV.

mann zu erkennen, daß, da durch die göttliche Vorsehung unsere Prager Kirche zur Metropolitankirche erhoben worden ist; wir für einen theologischen Lehrer, der den Priestern und andern von der Klerisey die heilige Schrift auslege, und sie vorzüglich in allem dem unterrichte, was zur Seelsorge gehöret, eine Pfründe zu stiften schuldig sind (111). Man siehet wohl aus den Worten selbst, daß hier von keiner Umänderung der bisherigen philosophischen Kanzel, die bis itzt der Scholastikus verwaltet hatte, in eine theologische, sondern von der Stiftung einer ganz neuen die Rede ist. Auch betrift es nicht einen Lehrstuhl an der neuerrichteten Universität, für deren Lehrer und ihren Unterhalt, besonders aber jenes, der über die heilige Schrift lesen sollte, Arnest sonst 50 Schock Prager Groschen (112) beygetragen hat (113). Woraus

111) Tenore præsentium ad notitiam deducimus singulorum, quod cum divina disponente providentia ecclesia nostra Pragensis in Metropolim sit erecta, sicque nos de proventibus unius prebende pro Magistro in Theologia, *qui sacerdotes & alios in sacra pagina doceret, & in his præsertim, quæ ad animarum curam spectare videntur, providere teneamur.* Diese am Ende ganz abgedruckte Urkunde kam mir durch die Güte des itzigen hochwürdigen Herrn Domdechants John in die Hände. Man bemerke, daß Arnest in selber die Worte des Lateranensischen Kirchenraths wiederholet.

(112) Das ist: 750 Gulden. Siehe meine Anmerkung in Boh. doct. P. I. p. 3

(113) Quinquaginta sexagenas grossorum Pragensium pro salario & pastu Doctorum & Magistrorum, & præsertim Magistri in sacra pagina legentis. Die Urkunde ist im Archive der Metropolitankirche: Auch von ihr erlaubte mir der erst belobte Herr Domdechant eine Abschrift zu nehmen.

aus sich dann folgern läßt, daß der Erzbischof selbst nach der Stiftung der Universität, seine Kathedralschule beybehalten wollte; daß er sie sogar mit einem Lehrstuhle vermehret habe, alles in der Absicht: daß alle diejenigen von der Klerisey, die zum Dienste der Kirche bestimmet waren, nämlich die Domherren (114) Mansionarien, Psalteristen u. d. gl. nicht gezwungen wären, die entlegenen Kollegien der Universität zu besuchen, sondern ihren Unterricht zu Hause von eignen Lehrern empfiengen. Hat doch in spätern Zeiten der Kardinalerzbischof Harrach, bey seiner Pflanzschule der Klerisey auf der Altstadt im Königshofe eigene philosophische und theologische Lehrer angestellet (115); obschon die Zöglinge derselben die Vorlesungen auf der Karl-Ferdinandeischen Universität mit weit mehr Bequemlichkeit hätten besuchen können, als zu Arnests Zeiten die Klerisey der Metropolitankirche jene auf der alten Karolinischen. Doch itzt muß ich in aller Kürze noch das übrige nachholen, was ich von den Lehrern und Schülern zu Prag, vor der Errichtung der hohen Schule, hin und wieder zerstreuet finde.

XVII.

Ich habe schon oben erinnert, daß unter dem grammatischen Unterrichte, auch eine Anw..sung zur Dichtkunst, oder

(114) Hic in eadem Pragensi ecclesia Lectorem in Theologia suis pecuniis instituit, pro quo emit certos reditus in villa Zlatnik prope Pragam, ut Canonici & alii Clerici ecclesiæ pabulo sacrarum scripturarum non careant. *Beneff. de Weitmil* p. 381.

(115) *Hammerschmid* Prodr. Glor. Prag. p. 133. *Annales Præmonstratenses* Tom. I. pag. 533, & in Probatione Monasteriologiæ col. CCCCLXXXVIII.

vielmehr zur lateinischen Versmacherey damals mitbegriffen
worden. Wie viel Jahre indessen der lateinische Kurs ge-
dauret habe, oder in wie viel Klassen er untergetheilet worden? davon finde ich nirgends etwas aufgezeichnet. So wie
es aus Giezinsky (116) gewiß ist, daß die Lehrer der Grammatik an der neuen Universität die Kommentare Priscians erkläret haben; so ist es wohl mehr, als wahrscheinlich, daß
man sich eben desselben in den Prager Schulen schon eher bedienet habe. Denn ich wüßte nicht, warum man von dem
allgemeinen Gebrauche anderer Schulen abgewichen wäre;
in denen sie so durchgängig eingeführet waren, als man es
durch den bekannten Vers anzeigen wollte:

  Grammaticus non es nisi *Prisci* legeris *anum*.

  Es ist unläugbar, daß unsere böhmischen Gelehrten in
jenem Zeitalter grosse Freunde der Poesie waren; sie kannten
und lasen die göttlichen Gedichte der Virgile, der Horaze und
Ovide; aber ohne ihre Schönheiten nachzuahmen. Sie
glaubten Dichter zu seyn, wenn sie nur fertige Versmacher
wären; und zum Unglücke waren ihre lateinischen Verse das
geschmackloseste Zeug, mit dem jemals Papier verdorben worden ist. Von Dichtungen und Bildern, von neuen Gedanken, kühnen Wendungen, selbst von der Reinigkeit der Sprache, ja auch nur von dem letzten Verdienste des Verses, von
der prosodischen Richtigkeit war bey ihnen nie die Frage.
Alle diese Schönheiten glaubten sie reichlich ersetzt zu haben,
wenn sie nur den Ausgang des Hexameters mit dem Ab-
schnitte reimten. Und in diese leoninische Verse, wie man
sie nennet, waren sie so verliebt, daß sie sich ihrer sowohl be-
                Dien-

---
(116) Programm. Bohusl. Giczinsky ad 24 Martii

dienten ganze Werke zu schreiben; wie Kosmas das Leben des heiligen Adalberts von einem gleichzeitigen auf diese Art versificiret hat (117), als auch prosaische Werke damit aufzuputzen. Diese Pest hat vorzüglich unsere Chronisten angesteckt. Der erst erwähnte Kosmas gieng ihnen mit seinem Beyspiele vor; und nach ihm haben der Abt Peter seine Königsaaler und der Domherr Franz seine Prager Chronik mit Versen angepfropft, von deren Werth man sich durch das aus dem letztern oben angeführten Beyspiel überzeugen kann. Mit Neplacho scheint endlich dieser spielende Witz in Abnahme gekommen zu seyn. Indessen ist doch des Admonter Abts Engelbrechts Gedicht von der Wahl Rudolphs I., dessen wir oben gedacht haben, ein Beweis: daß dieser verdorbene Geschmack wenigstens im XIII. Jahrhunderte nicht der allein herrschende war. Denn er sagt ausdrücklich, daß er es gleich nach seiner Rückkehr von Prag geschrieben, wo er in der Poesie unterrichtet worden (118). Sonst gab es unter unsern Dichtern, oder Versmachern vor der Errichtung der Universität auch Satyrenschreiber. Der Abt Peter von Königsaal macht

beym

---

(117) Bey Dobner Tom. II. Monum. p. 9 seqq.

(118) Einer unter andern rüstigen Versschmieden hatte den seltsamen Einfall ein böhmisch-lateinisches Wörterbuch in Hexametern zu verfassen. Eine Abschrift davon, die Martin von Strasnitz im Jahre 1309 verfertigte, ist noch vorhanden, welche nächstens durch Hrn. Dobrowsky im Drucke erscheinen soll. Daß die Verfassung dieses Buches in das XIII. Jahrhundert hinaufreiche, und folglich noch in den Zeiten der in Prag bestehenden Schule der Grammatik, Dialektik u. s. w. von welcher Engelbrecht a. a. O. red.t, versetzet werden könne, beweiset der uralte böhmische Dialekt, den man in keinem andern vorhandenen böhmischen Manuscript, nicht einmal im Dalemil so findet.

beym Jahre 1329 eines gewissen nicht lange verstorbenen Nithards Meldung, von dem er sagt: er würde, wenn er noch lebte, die in Böhmen eingeführte neue Kleidertracht gewiß mit seinen Satyren züchtigen. Doch wir wollen den Chronisten selbst hören:

>O si *Nithardus*, qui non fuit ad nova tardus,
>Hæc nova vidisset, bona plurima composuisset
>Carmina satyrica, quoniam sua mens inimica
>Exstitit his factis a rusticioribus actis.
>Rusticus & civis clarus cum milite quivis
>Causam præberet, modo quod *Nithardus* haberet.
>Decantare satis referendo modos novitatis (119).

Indessen kann ich so wenig sagen, wer dieser Nithard eigentlich gewesen; als es mir möglich war, irgend eine Probe seiner Dichtart zu entdecken.

Das Schicksal der Beredsamkeit war eben nicht glänzender als jenes der Dichtkunst. Vor allen muß man wohl bemerken: daß die Redekunst, wie sie damals in den Schulen vorgetragen ward, mit der Logik, oder theoretischen Philosophie verbunden gewesen, und daher gemeiniglich die Dialektik genannt ward (120). Schon dieses macht uns von

der

---

(119) *Chronicon Aulæ Regiæ* ad an. 1329.

(120) *Artis Rhetoricæ*, seu cui *dialectica* nomen
Sumpsit ab *Alquini dogmate* noticiam.

Saxo Poeta apud *Leibnitium* Tom. I. script. Brunsf. pag. 163
Unser Kosmas nennt die Redekunst aus eben der Ursache, weil sie mit der theoretischen Philosophie verbunden gewesen, bald artem *dialecticam*, bald *sophisticam*, bald *philosophicam*. O

so.

der damaligen Beredsamkeit keinen vortheilhaften Begriff; nicht als wenn die Beredsamkeit die Verbindung mit der Philosophie nicht vertrüge, da es vielmehr gewiß ist, daß sie ohne selbe zur Schwatzhaftigkeit ausarten würde: sondern weil man in jenen Zeiten Sophisterey und wahre Philosophie nur zu oft vermengte. Die damaligen Lehrer der Dialektik oder Redekunst erklärten freylich Aristotels Rhetorik, und erläuterten das Vorgetragene vielleicht auch durch Beyspiele aus dem Cicero: aber die Redner machten es um kein Haar besser als die Dichter. Sie lasen gute Muster, und ahmten sie nicht nach. Vielleicht glaubten sie eben darum keinen Nutzen aus ihnen schöpfen zu können, weil man damals die ganze Beredsamkeit auf die geistliche eingeschränket; ohne zu bemerken: daß diese eben darum, daß man die einzige wahre Bahn jener grossen Muster verließ, in das abendtheuerlichste Zeug ausarten mußte. In der That sind die heiligen Reden jener Zeit nichts, als ein unzusammenhängendes Gewebe von Bibelsprüchen und Stellen der Väter; die noch dazu durch die willkührlichsten Auslegungen verunstaltet sind. Von der Gründlichkeit der Beweise, einer zweckmäßigen Anordnung der Theile, einem männlichen kernigten Ausdrucke träumte man gar nicht. Die

k. k.

sophistica cornupeta, sagt er ad an. 1125, ultro viris *syllogisticis* appetenda, nobis autem jam satis experta, sine senes, pete juvenes tui similes, ingenio acutos, & in artium artibus arguros, qui nuper ad magnam mensam Dominæ *Philosophiæ* deliciosis pasti epulis & exhaustis totius Franciæ thesauris, novi Philosophi redeunt. Tales *Oratores* inclyta virtus Ducis Sobieslai expectat, qui ejus munifica gesta, stilo aureo mirifice deaurare queant. Quibus & ego senex, quidquid inepte deliro, usque ad unguem elimandum supplex committo. Tom I. script. rer. Boh. .p. 278.

k. k. Bibliothek auf der hohen Schule zu Prag, hat einen ziemlichen Vorrath solcher Reden in der Handschrift aufzuweisen; die größtentheils von Ungenannten herrühren, zum Theil aber auch einen Gregor, einen Miliz, einen Konrad, Männer die in der vaterländischen Geschichte bekannt genug sind, zu Verfassern haben. Statt aller andern kann der Leser die Homilien Karls des IV. und die Trauerrede, die diesem Kaiser Erzbischof Johann gehalten hat, bey Frehern nachsehen. Ich bin im Uebrigen weit entfernt durch alles das, was ich hier beybringe, den Ruhm der erst erwähnten sonst vortreflichen Männer zu schmälern. Ich klage bloß den verderbten Geschmack jener Zeiten an, der vielleicht seine Herrschaft auch itzt noch nicht ganz verloren hat.

Itzt muß ich noch der Naturkunde, mit welcher sich der angesehenste Lehrer an der damaligen Prager Kathedralschule beschäftigte, mit wenig Worten gedenken. Aristotels Bücher von natürlichen Dingen waren es nach Engelbrechts Zeugnisse, über die man las. Und man theilte die Anmerkungen verschiedener Philosophen über dieselben, die man damals Glossen nannte, den Schülern gleichfalls mit. Und noch itzt findet man in hierländigen Bibliotheken, und vorzüglich in unserer öffentlichen, verschiedene Werke des Aristoteles, die mit Glossen versehen sind. In jener der Metropolitankirche stießen mir auch die sogenannten Topica dieses Philosophen auf, von einem gewissen M. Rudolph sogar in Versen gloßirt. Ueberhaupt ward Aristoteles von unsern Vorfahren als ihr Führer in der Philosophie angesehen; die zwote Stelle scheinen sie dem Boethius eingeräumt zu haben. Im übrigen

war

war ihr Geschmak in der eigentlichen Philosophie um nichts geläuterter als in der Dichtkunst und Beredsamkeit. Die übertriebene Verehrung der Scholastiker, die unsern Böhmen mit allen andern Völkern gemein gewesen, war Schuld hieran. Ihre Spitzfindigkeiten schienen ihnen so viel Göttersprüche, und der falsche Schimmer dieser unächten Schätze blendete sie so sehr, daß sie die mühsamsten Reisen in die entferntesten Länder unternahmen, um sie dort aufzusuchen, und dann ihr Vaterland mit ihnen zu bereichern. Was besonders von dem XII. Jahrhunderte zu verstehen ist, das ist: gerade von der Zeit, in welcher Kosmas schrieb, der unter den schwärmerischen Verehrern dieser Afterphilosophie eine vorzügliche Stelle behauptet (121). Und so viel von jenen Theilen der Gelehrsamkeit, die an der Kathedralschule von eigenen Lehrern bearbeitet wurden. Wenn eine weitläuftige Nachricht von dem Zustande der übrigen nicht in diese Abhandlung gehöret; so darf ich doch zwey Worte von ihnen sagen. Die Geschichte fand in jenen Zeiten immer ihre Verehrer unter uns. Wenn ein Kosmas und seine Fortsetzer, ein Peter von Königsaal, ein Domherr Franz, ein Beneß von Weitmil, ein Neplacho nicht Muster der historischen Schreibart seyn können, so verdienen sie es doch gewiß in der Wahrheitsliebe und Unpartheilichkeit zu seyn. Nie haben sich diese Alten von der Vorliebe für ihre Nazion hinreissen lassen; um ihren Lesern die Begebenheiten vergrössert, oder verschönert vorzustellen! Könnten wir doch von ihren Nachfolgern, von einem Hagek, Balbin, Kruger eben das sagen! Sonst geben uns auch diejenigen unserer Landsleute, die zur Zeit der Ahnen in der Ge-

schich-

---

(121) Siehe seine erst angeführte Stelle.

schichte gearbeitet haben, einen Beweis mehr an die Hand, daß die lateinische Literatur immer eine ihrer Hauptbeschäftigungen war. Jener Magister Gervasius, dem Kosmas seine Chronik zueignet, muß nach seinem Begriffe ein grosser Lateiner gewesen seyn. Denn er bittet ihn sogar seinen Stil auszubessern (122). Die ältern inländischen Schriften, die Kosmas in seiner Chronik anführet (123), und die ältesten Legen-

(122) Liberalium artium, sagt Kosmas, quibusque studiis pleniter imbuto, & omnimodae scientiae sapientia delibuto, Archigerontae *Gervasio* —. Scias quod tibi transmiserim Boemorum chronicam, quam ego nullo Grammaticae artis lepore politam, sed simpliciter, & vix latialiter digestam tuae prudentiae singulari examinandam deliberavi, quatenus tuo sagaci judicio aut omnino abjiciatur, ne a quoquam legatur: aut si legi adjudicatur, lima tuae examinationis ad unguem prius elimetur; aut potius, quod magis rogo, per te ex integro latialius enucleetur. — — Tu autem Frater karissime, si me tuum amicum diligis, si meis precibus tangeris, praecinge lumbos mentis, & accipe in manum rasorium, calcem & calamum, ut quod superest, radas, & quod non est, desuper addas. improprie dicta, proprietate muta, ut sic mea inscitia tua sublevetur faecia. *Praef. Cosmae* pag. mihi 2.

(123) Diese sind: *Privilegium Moraviensis Ecclesiæ; Epilogus,* id est *Epitome Moraviæ atque Bohemiæ. Vita,* vel *passio S. Wenceslai. Privilegium Ecclesiæ S. Georgii; Vita seu passio S. Adalberti. Privilegium Pragensis Episcopatus.* Siehe Chron. Cosmae ad an. 894, 967, 995, & 999. p. mihi 37, 47, 60 & 66. Hiezu kommen noch der lateinische Codex, dessen sich der heil. Wenzel bedienet haben soll; die vom heil. Adalbert in lateinischer Sprache verfaßte Homilia de S. Alexio; die lateinischen Inschriften auf den Münzen Bocelavs I. und seiner Nachfolger; die lateinischen Stiftungsbriefe von Brzewnow, und Leutmeritz; dann die ältesten lateinischen Legenden unserer Heiligen; und dieses sind die lateinischen Denkmaale, welche ich oben im IV. Absatze anzuführen versprochen habe. Ich habe zu

genden unserer Heiligen (124), sind alle lateinisch. Und da Vincenz der Domherr seine lateinische Chronik dem Könige Wladislaw, und seiner zwoten Gemahlinn der Königinn Juditha widmet (125), war wohl diese Sprache auch bey Hofe nicht ganz fremd; was auch durch die lateinischen Bücher, welche die Abtißinn des Georgenstifts Kunegund, eine Tochter König Ottokars, zum Gebrauche ihrer Kirche schreiben ließ (126), noch mehr bekräftiget wird.

Was zu der dortigen Note (25) noch nachzutragen: daß ich, eben da ich dieses schreibe, auf die Spur gekommen, aus welcher Veranlassung man die heiligen Cyrill und Method für böhmische Landespatronen zuerst angenommen habe. Diese war wohl die Stiftung des Benediktinerklosters zu Prag auf der Neustadt. Karl IV. stiftete es für die slavischen Geistlichen zur Ehre des heiligen Hieronymus, weil er die Bibel aus dem Hebräischen in das Slavische, wie man damals glaubte, übersetzt hatte, dann der slavischen Heiligen, Cyrill, Method, Adalbert, und Prokop. (Siehe Pelzels Urkundenbuch zum I. Theil Karl IV. S. 92, und 702). So wie durch diese slavischen Mönche der Irrthum verbreitet worden: daß die slavische Bibelübersetzung von Hieronymus seye; so kann wohl die Meynung: daß Cyrill und Method den slavischen Ritus in Böhmen selbst eingeführet, sich auch von ihnen herschreiben.

(124) Dieses beweisen die meisten Handschriften der Prager k. k. Bibliothek, derer viele in Part. III. Boh. doctæ beschrieben sind. Einige aus der Metropolitanbibliothek haben Hr. Pelzel, und Hr. Dobrowsky in der Vorrede ad Tom. I. script. rer. Bohem. pag. XVIII. seqq. angezeiget

(125) Siehe Chronicon *Vincentii* apud *Dobner.* Tom. I. Monum. pag. 30.

(126) Einige von diesen Urschriften befinden sich auf der k. k. Bibliothek zu Prag. Auf einer derselben ist diese Aufschrift:

Anno Dñi millo trecentesimo decimo nono venerabilis Dña

Chunegundis Abbā monasterii̇̄ sci Georgii̇̄ ī castro pragñ

ma-

Was für die Rechtsgelehrsamkeit Wenzel II. thun wollte, habe ich im vorigen Absatze berühret. Ulrich von Hasenburg Domdechant zu Prag; Konrad I. Bischof zu Olmütz, Johann IV. Bischof zu Prag, dann Andreas Goldner, Johann Mathias von Eger (z hba) Heinrich von Kaaden, und Ulrich Pleier machten sich in der Folge sowohl um das geistliche, als um das weltliche Recht in unserm Vaterlande verdient. Mit einem Worte: es war kein Fach der Gelehrsamkeit, was unsere Vorfahren nicht bearbeitet hätten; wenn sie es gleich in demselben nicht zu jener Vollkommenheit brachten, die zu erreichen, es selbst unseren Zeiten, Trotz ihrer Aufklärung, oft so schwer ist.

XVIII.

Ein Verzeichniß der jenigen, so die Würde eines Scholastikus an der Prager Kirche, und das damit vereinigte Lehramt der Naturkunde bekleidet haben, wird hier allerdings an seinem Orte stehen, nur Schade, daß ich es nicht so vollstän-

magfici boemie reg Dni Ottocari sedi filia. Istu libi, q continet 1 se pmu anselmu ad btam vgine planctu bte vgis Marie. It planctu anselmi proprij lapsus. & pene future. Item deploratio vginitatis amisse. & multa alia bona de deo & de bta virgie. & epistolam beati Ieronimi ad evstochium filiam sce paule de vginitate, & de ceteris virtutib3 servandis. fecit scribi & cotulit ecclie sci Georgij bndictiois sue ano decimo octavo.

ständig liefern kann, als ich wohl wünschte. Indessen bin ich hierinn immer besser daran, als in Betref der grammatischen, und dialektischen Lehrer, von denen ich nicht einen einzigen zu nennen wüßte; wenn uns der Admonter Abt Engelbrecht in seinem oben angeführten Zeugnisse nicht die Namen: Osko und Bohemil aufbewahret hätte. Meines Wissens kömmt der Name Scholastikus zum erstenmale in einem Diplome König Przemisl Ottokars I. vom Jahre 1216 vor: wo ich unter andern die Unterschrift finde: *Magister Ioannes Scholasticus* (127). Er ist derjenige, der hernach das Prager Bisthum davongetragen hat; und von dem Pulkawa beym Jahre 1227 schreibet: Johann der Prager Scholastikus wird am 19 Christmonats zum Bischof zu Prag geweihet (128). Im Jahre 1231 finde ich in der für das Stift Zderas gegebenen Bulle Gregors IX. den damaligen Scholastikus bloß mit dem Anfangsbuchstaben B. bezeichnet: denn es heißt darinn: *Coram Abbate Strahofiensi, & Ipolito Archidiacono, & B. Scolastico Pragensi* (129). Dieses B. soll wohl den Namen Bernhard andeuten. Denn Pulkawa schreibt beym Jahre 1236 Bischof Johann starb, welchem Bernhard der Scholastikus als der 22. Bischof zu Prag nachgefolget (130). Im Jahre 1254 spricht der Fortsetzer

des

---

(127) *Dobner* Tom. IV. Monum. p. 256.

(128) *Joannes* Pragensis Scholasticus XIIII. Kalendas Januarii Pragensis Episcopus consecratur. *Chron. Pulkav.* apud *Dobner.* T. III. Monum. p. 214.

(129) *Archiv. Zderasiense* N. 16.

(130) Obiit episcopus *Joannes* — — cui *Bernhardus* successit Scolasti-

des Kosmas von dem Tode eines gewissen Dionysius (131) den eine Schrift in königl. Archiven ausdrücklich einen Scholastikus nennet (132). Im Jahre 1262 stand diesem Amte ein gewisser Priznobor vor; denn in dem Majestätsbriefe Ottokars II. heißt es ausdrücklich: In Gegenwart dieser Zeugen, des ehrwürdigen Herrn Johannes Bischofs, Jakobs des Domprobstens und Priznobor des Scholastikus zu Prag (133). Aus dem Zeugnisse des gleichzeitigen Engelbrechts ist es gewiß, daß um die Jahre 1270 und 1274 das Amt eines Scholastikus eben jener Gregor bekleidet habe, der, wie wir es aus einem Diplome Kasimirs Herzogs zu Oppeln bey Pulkawa (134) ersehen, bereits im Jahre 1279 zur Würde eines Domdechants erhoben ward, und endlich selbst das Prager Bisthum davontrug, wie das auch Engelbrecht angemerket hat; und Pulkawa beym Jahre 1295 erzählet (135). Im Jahre 1300 war Scholastikus zu Prag ein gewisser Ulrich, der in einem Briefe Perchtens

der

---

lasticus, episcopus Pragensis XXII. *Chron Pulkav.* Siehe auch *Seriem Episc. Prag.* T. II. script. rer. Boh. p. 438.

(131) Anno 1254 obiit Magister *Dionysius* IV. Nonas Octobris in foro Julii. *Continuat. Cosmæ* T. I. script. rer. Bohem. p. 385.

(132) Testibus — — *Dionysio* Scolastico. *In Collectione MSS. Dobneri.*

(133) Præsentibus his testibus: Domino *Joanne* venerabili episcopo, *Jacobo* Præposito, *Priznoborio* Scolastico Pragensibus. *Pontanus* Bohem. piæ p 86.

(134) Apud *Dobner.* T. III. Monum. p. 287.

(135) Ibidem p. 253.

der Vorsteherinn der Nonnen vom heiligen Grabe zu Swietciz als Zeuge vorkömmt; unter welchen Zeugen ich auch einen Scholastikus der Bunzlauer Kirche Namens Niklas finde (136). Auch im Jahre 1323 hieß der Domscholastikus Ulrich, der, indem Bischof Johann sich zu Rom aufhielt, zugleich Verweser des Bisthums war (137). Ob der letztere von dem ersten nicht verschieden gewesen, kann ich aus Mangel gleichzeitiger Nachrichten weder bejahen, noch verneinen; so wenig wahrscheinlich es ist, daß er mehr als 23 Jahre eben dasselbe Amt verwaltet habe. Aber das getraue ich mir als gewiß anzunehmen: daß er eben der Ulrich von Papienicz war, der zu Paris den Doktorhut davongetragen, und als Scholastikus im Jahre 1332 mit der Gesandtschaft vom König Johann nach Rom abgeordnet worden. Peßina (138) hat Recht, wenn er ihn für einen Sprößling des uralten Hauses Woracziczky ausgiebt. Um die Zeit der Errichtung der Universität war endlich Scholastikus ein gewisser Zdeslaw, so wie er es auch noch im Jahre 1352 gewesen ist. Seiner geschieht in den Briefen Erzbischof Arnests, und des Prager Kapitels Erwähnung mit diesen Worten: Nos quoque *Prziedvogius* Decanus, *Zdeslaus* Scolasticus Pragensis (139). Da nun eben zu seiner Zeit Erzbischof Arnest eine theologische Lehrkanzel an der Metropolitankirche errich-

F

(136) *Archiv. Zderasiense* N. 141.

(137) Nos Magister *Ulricus* Pragensis ecclesiæ Scolasticus, administrator episcopatus Pragensis in spiritualibus. *Archiv* Zderas. N. 138.

(138) Phosphor. septic. p. 57.

(139) Apud *Dobner*. T. III. Monum. p. 353, & 356.

richtet hat, so entstehet die Frage: ob der Scholastikus fortgefahren habe über des Aristoteles Naturlehre zu lesen, oder ob er das theologische Lehrfach nun übernommen habe? Ich muthmasse das letztere, obschon es mir an irgend einem Zeugnisse des Alterthums fehlet, es zu beweisen. Denn ich weiß keinen Grund anzugeben, warum man an der Prager Kirche von dem allgemeinen Gebrauche der Metropolitankirchen Deutschlands abgewichen wäre, in welchen die Theologie von dem Scholastikus gelehret worden. Ideslavs Nachfolger war, so viel sich aus alten Schriften abnehmen läßt, jener Liebling Karls IV. Plichta, dessen auch in dem Lehnrechte dieses Kaisers Erwähnung geschieht. Und diese sind die Namen der Prager Scholastiker aus jenen Zeiten, die ich in alten Schriften gefunden habe. Ich zweifle nicht: daß dieses Verzeichniß wird vollständiger werden können; so wie man durch den Fleiß patriotischer Geschichtforscher mit mehrern geschriebenen Denkmälern des Alterthums bekannt werden wird.

XIX.

Zum Schlusse der Abhandlung will ich noch einige Nachrichten die Würde, und Einkünfte des Scholastikus betreffend beyfügen. Wie ansehnlich die erste war, bezeigen die Worte des Erzbischofs Arnests: Præpositura tanquam principalis, Decanatus & Scolasteria sunt in ipsa ecclesia dignitates (140). Man sieht also, daß der Scholastikus dem Domdechant der nächste im Range war. Wornach man sich auch bey allen Umgängen, und öffentlichen Feyerlich-

(140) *Arnestus* Archiepisc. in Statutis MSS. Ecclesiæ Boleslaviensis.

keiten richtete; wie das abermal aus Arnests Worten erhellet: Post Decanum in ecclesia est Scolasticus in inceptione, & processione proximus, & scolas procurare tenetur (141). Hierzu kömmt noch: daß er nach einem alten Codex bey Berghauern zugleich beständiger Kanzler des Kapitels war; und von der Verwahrung des Siegels alle Vortheile genossen hat (142). Sein Ansehen erstreckte sich über alle Schulen; daher er in einigen Schriften Rector scholæ heisset, und seiner Gerichtsbarkeit unterlagen nicht nur sämtliche Schüler, sondern auch die übrigen Lehrer. Selbst studirende Domherren waren von ihr nicht ausgenommen; und er hatte sowohl die Aufsicht über ihren Wandel, als auch die Sorge, sie aus den Einkünften der Pfründe zu versehen. Worauf in dem erst angeführten Codex bey Berghauern (143) die Worte zielen: Scholasticus Pragensis regit *obedientias* diversas Canonicorum. Denn obedientia heißt hier eben so viel als Præbenda. Wie weit sich seine Macht, seine Untergebenen von der Klerisey zu strafen, erstrecket habe, läßt sich aus den Worten Erzbischofs Arnests abnehmen, der da festsetzet: Der Scholastikus soll einen fehlenden Untergebenen von der Klerisey mit einer bescheidenen Züchtigung zurecht weisen; falls aber der Bestrafte seine Fehler nicht bessern würde, sollte ihm für ein jedes Vergehen ein Groschen von den nächst einlaufenden Einkünf-

(141) Ibidem.

(142) Qui est Scolasticus ecclesie, iste est Cancellarius Capituli, & habet emolumenta omnia sigilli. Apud *Berghauer,* in Proto-M. Pœnit. p. 189.

(143) Ibid.

künften entzogen, und zum Besten der Kirche verwendet werden (.44). Endlich sehen wir aus den Statuten der Prager Kirche, daß auch alle Schulen des Sprengels, mit ihren Lehrern, und Vorstehern unter seiner Aufsicht gestanden; Denn, sind die Worte der Statuten, der Scholastikus, als einer der Prälaten der Kirche, hat alle Händel der Vorsteher der Schulen in der Stadt Prag sowohl, und den Vorstädten, als auch in der ganzen Diöces, als ihr ordentlicher Oberer zu untersuchen, und vorläufig zu entscheiden; so wie er die Widerspänstigen zu Paaren treiben kann, daß er ihnen die Ausübung ihres Amtes als Vorsteher auf eine Zeit untersagt. Ihm stehet es auch zu, die Schulrektoren zu prüfen und zu bestätigen. (145). Von den mit dieser Würde verknüpften Einkünften kann ich dem Leser nur eine sehr unvollständige Nachricht geben; denn wer wird wohl zweifeln, daß dieselben nicht beträchtlicher waren, als jene anderer Domherren, die ihm an Rang und Ansehen nicht gleich kamen, und sie nicht erst durch ein mühsames Lehramt verdienen mußten. Indessen finde ich

(144) Si vero inferior Clericus deliquerit per Scholasticum castigatione provida corrigatur, quod si corrigere (*Clericus*) neglexerit, pro qualibet culpa sibi unus grossus de proximis proventibus ipsum contingentibus auferatur in usus ecclesiæ convertendus. *Ibid.*

(145) Scholasticus Pragensis, uti Prælatus Metropolitanæ ecclesiæ Pragensis, de causis omnium Rectorum scholarum civitatis & Diœcesis Pragensis, & suburbiorum ejus, tanquam Ordinarius judicialiter habet cognoscere, & ipsa ratione prævia terminare, rebelles per suspensionem a rectoria scholarum compescendo, ad quem etiam examen, seu approbatio Rectorum scholarum pertinet. Apud *Cardinalem Harrach* Archiep. Prag. in judicio & censura Bullæ a PP. S. J. oblatæ.

ich in alten Schriften nur wenig verzeichnet. Nämlich, nebst den Zugängen des Kanzleramts, aus den zwey Dörfern: Mirowicz und Curze am Georgen- und Gallustermin einen Zins von 19 Schock, und 35 Groschen, und aus beyden 21 Hennen, 3 Schock und 11 Eyer. Dann 2 kleine Teiche zu Mirowicz, wie auch 2 Hufen Landes, mit den zugehörigen Höfen, Wiesen, Büschen und Bächen (146). Diese und vielleicht andere Einkünften des Scholastikus, von denen wir keine Kenntniß haben, wurden bey Gelegenheit der Errichtung der theologischen Lehrkanzel beträchtlich vermehret. Denn in dem Briefe Arnests kommen die Namen der Dörfer Hrzminnes und Wazicz vor, mit einer jährlichen Erträgniß aus denselben, von 24 Schock, oder nach unserm Gelde beyläufig von 500 Gulden, als der Unterhalt des theologischen Lehrers.

Urkunde.

Nos Arnestus Dei & Apostolice sedis gratia sancte Pragensis Ecclesie Archiepiscopus, tenore presentium ad noticiam deducimus singulorum, quod cum divina disponente providencia Ecclesia nostra Pragensis in Metropolim sit erecta, sicque nos de proventibus unius prebende pro Magistro in Theologia

---

(146) Pro ambobus terminis S. Georgii & Galli & duabus villis Mirowicz & Curze census 19 Sexag. 35 gross, gallinæ de utraque villa 21, 3 sexag. & 11 ova. Duæ piscinulæ in Mirowicz & duæ araturæ cum curiis, pratis, rubetis, robotis & rivulis. Apud *Berghauer* l. c.

logia, qui sacerdotes & alios in sacra pagina doceret, & in his presertim, que ad animarum curam spectare noscuntur, providere teneamur. Et quamvis hoc faceremus libenter, tamen propter onera debitorum, que propter crebras & sumptuosas expediciones, quas cum serenissimo Principe & Domino nostro Domino Karolo Romanorum & Boemie Rege fecimus, ac refusionem dampnorum, que nostri homines in eisdem expedicionibus pertulerunt, necessario nos contrahere oportebat, per nos ipsos facere non possumus nec valemus. Quare honorabilem Virum Dominum Bohussium Prepositum Ecclesie sancti Stephani in Litomyerzicz, & strenuum militem Dominum Smylonem de Pardubicz fratres nostros germanos induximus, ut id, quod est premissum, de quibusdam bonis nostris patrimonialibus, in quibus habemus communionem cum ipsis, effectui possemus mancipare. Quorum voluntate & consensu ad hoc accedentibus, ad honorem Dei Omnipotentis, & Beatorum Martyrum Patronorum nostrorum Viti, Wenceslai atque Adalberti, nec non decus & profectum nostre Pragensis Ecclesie de consensu & voluntate Capituli Ecclesie nostre prefate de bonis nostris patrimonialibus ville dicte Hrzminues, in qua sunt quatuordecim lanei cum dimidio & una taberna, de quibus annuatim viginti sexagene cum dimidia sex grossi & sex parvi denarii censsus nomine ab incolis ville dicte persolvuntur & solite erant persolvi, additis ad hoc duobus laneis & quartali in villa nostra dicta Wazicz, de quibus tres sexagene grossorum & sedecim grossi similiter censsus nomine persolvuntur annuatim, cum suis omnibus utilitatibus, juribus, libertatibus, obventionibus & pertinenciis quibuscuncunque, in quibus Bohuſſius & Smylo fratres noſtri predicti communionem habebant & habuerunt nobiscum, prebendam unam pro Magiſtro in Theologia in noſtra memorata ecclefia, qui eſſet & erit pro tempore, creavimus & fecimus, & ex nunc creamus & facimus, predicta bona noſtra & fratrum noſtrorum, predictorum de ipſorum beneplacito & voluntate, modo quo fupra, eidem prebende perpetuo jure veri dominii annotantes ac Capitulo noſtro prefate ecclefie de eisdem condeſcendentes cum effectu, omni juri, quod nobis & eisdem noſtris fratribus in bonis hujusmodi competebat, pro nobis, heredibus, & ſucceſſoribus noſtris quibuscunque nec non fratrum noſtrorum memoratorum ſponte & libere renunciantes.

Igitur ne ingratitudinis vicio percellamur, dictis Bohuſſio & Smyloni fratribus noſtris in recompenſam graciam volentes facere ſpecialem, atque ut alii ad fimilia eo libentius inclinentur, ſolempni crebro ac diligenti cum capitulo prefate noſtre Ecclefie capitulariter tractatu prehabitis de ipſorum voluntate connivencia & expreſſo conſenſu, villas Archiepiſcopatus noſtri dictas Czerczicz & Lobelnik cum rubetis, filvis, pratis, paſcuis, rivulis, molendinis, venacionibus, aucupacionibus, piſcacionibus, cenſibus ac jure patronatus Ecclefie ibidem in Czerczicz omnibusque & fingulis aliis utilitatibus, fructibus, proventibus & obvencionibus quibuscunque, qualitercunque quomodocunque & undecunque poſſunt aut obvenire poterunt in futurum, ipſis tantum ad vite ipſorum tempora donavimus, dedimus & aſſignavimus, & preſentibus donamus, damus & aſſignamus per ipſos tenendas,

das, habendas, utifruendas & poffidendas, in Byecharzs, Bud-
zowek & Camensko villarum meffores adiicientes ac do-
nantes eisdem. In quibus quidem villis de quolibet laneo
pro curia in Czerczicz a multis annis per duos dies metere
tenebantur & funt adftricti, concedimus infuper fratribus
predictis, quod in bonis villarum ante dictarum videlicet Czerczicz & Cobelnik quomodocunque & qualitercunque, videlicet infercionibus, exftirpacionibus, feu modis aliis quibuscunque aliquam utilitatem fibi procurare poffent, eandem fibi libere & fine quovis metu feu timore faciant & procurent.
Tenebitur autem ipfe Dominus Bohuffius Prepofitus ecclefie
prefate primo bona villarum predictarum ad tempora vite
fue pro eo, quia dicta bona in Hrzminnes & Vazicz pro
fuis tenebat ufibus, licet effemus, ut predicitur, indivifi & tan-
dem, fi eum premori contingeret, Smylo frater nofter fupra
dictus. Volumus tamen, & hoc prefentibus adicimus, quod
dum fratres predicti viam forent ingreffi carnis univerfe, ex
tunc omnes melioraciones & emendaciones facte tam in edi-
ficiis feu aliis melioracionibus quibuscunque villarum predictarum ad Archiepifcopatum noftrum immediate redire
debebunt fine quavis cujusvis contradiccione, rebellione feu
impedimento. In quorum omnium teftimonium & robur
prefentes fieri juffimus, eas noftris & Capituli fepe fate no-
ftre Pragenfis Ecclefie figillis munientes. Actum & datum
Prage Anno Domini millefimo trecentefimo quadragefimo
nono die Iovis quinta menfis Martii.

Nos quoque Prziedvogius Decanus, Zdeslaus Scolafti-
cus Pragenfis Ecclefie, Ioannes Pauli, Ioannes de Drafzicz,
Vernherus antiquus, Tamino dictus Flug, Hinko Malovar,
Si-

Simon Erbipolenfis, Nicolaus Medicus, Beneffius de Cravar, Genezo de Vgesd, Bartholomeus Decanus Sti Egidii, Bohuta Cancellarius Domini Archiepiscopi, Paulus Archidiaconus Zacensis, Busco Leonardi, Joannes Prepositus Melnicensis, Joannes Prepositus omnium Sanctorum, Cunszico de Turnow, Symon de Gyczin, Przibico Archidiaconus Bechinensis, Henricus Prepositus Wiffegradensis, Hermannus de Luna, Thebaldus de Lucemburgo, Gallus Archidiaconus Gradicensis, Henricus Thezauri, Nicolaus de Horavicz, Wrativogius de Metowicz, Canonici Ecclefie ejusdem tunc apud Ecclefiam memoratam in domo refectorii, in quo folitum est Capitulum celebrari, congregati capitulariter Capitulum facientes, donacioni superius expresse tamquam jufte & racionabili ex causa superius expressa facte ob predictorum Bohuffii & Smylonis Dominorum gratitudinem concorditer & unanimiter tractatu & deliberacione maturis super premiffis prehabito consensum nostrum prebuimus & presentibus prebemus. In signum eciam nostri consensus figillum nostrum majus, quo in arduis & magnis negociis nostris & Ecclefie uti confuevimus, presentibus literis duximus apendendum. Actum & datum anno mense die loco, quibus supra.